RÉPERTOIRE GÉNÉRAL

DU

THÉATRE FRANÇAIS.

———

ÉDITION STÉRÉOTYPE

D'APRÈS LE PROCÉDÉ D'HERHAN.

PARIS,

H. NICOLLE, A LA LIBRAIRIE STÉRÉOTYPE,
rue de Seine, n.° 12.
M DCCC XVIII.

RÉPERTOIRE GÉNÉRAL

DU

THÉATRE FRANÇAIS.

—

TOME 13.

DE L'IMPRIMERIE D'A. EGRON.

RÉPERTOIRE GÉNÉRAL

DU

THEATRE FRANÇAIS,

COMPOSÉ

DES TRAGÉDIES, COMEDIES ET DRAMES

DES AUTEURS DU PREMIER ET DU SECOND ORDRE,

Restés au Théâtre Français;

AVEC UNE TABLE GÉNÉRALE.

THÉATRE DU PREMIER ORDRE.

CRÉBILLON. — TOME III.

PARIS,

H. NICOLLE, A LA LIBRAIRIE STÉRÉOTYPE,
rue de Seine, n.º 12.

M DCCC XVIII.

CATILINA,

TRAGÉDIE,

REPRÉSENTÉE pour la première fois le
12 décembre 1748.

Crébillon. **3.**

A MADAME LA MARQUISE

DE POMPADOUR.

MADAME,

Oser faire paroître CATILINA sous vos auspices, c'est acquitter un vœu général. Il y a long-temps que le public vous a dédié de lui-même un ouvrage qui ne doit le jour qu'à vos bontés : heureux si on l'eût jugé digne de sa protectrice ! Et qui ne sait pas les soins que vous avez daigné vous donner pour retirer des ténèbres un homme absolument oublié ? Soins généreux, qui ont plus touché que surpris. Que ne doit-on pas attendre d'une ame telle que la vôtre ? Puisse l'hommage que je vous rends, madame, consacrer à la postérité la protection que vous accordez aux talents, et ce monument de ma reconnoissance !

Je suis, avec le plus profond respect,

MADAME,

votre très humble et très obéissant serviteur,

JOLYOT DE CRÉBILLON.

PERSONNAGES.

CATILINA.

CICÉRON, consul.

CATON.

PROBUS, grand-prêtre du temple de Tellu.

TULLIE, fille de Cicéron.

FULVIE.

LENTULUS.

CRASSUS!

CÉTHÉGUS.

LUCIUS.

SUNNON, ambassadeur des Gaules.

GONTRAN.

LICTEURS.

La scène est dans le temple de Tellus.

CATILINA,

TRAGÉDIE.

~~~~~~~~~~~~~~~~~~~~~~~~~~~~~~~~~~~~~~~

ACTE PREMIER.

────────

SCÈNE I.

CATILINA, LENTULUS.

CATILINA.

CESSE de t'effrayer du sort qui me menace :
Plus j'y vois de périls, plus je me sens d'audace ;
Et l'approche du coup qui vous fait tous trembler,
Loin de la ralentir, sert à la redoubler.
Crois-moi, sois sans détour pour un ami qui t'aime.
Dans le fond de ton cœur je lis mieux que toi-même,
Lentulus ; et le mien ne peut voir sans pitié
Ce qu'un ambitieux coûte à ton amitié.
Ce tyran des Romains, l'amour de la patrie,
Te trompe, et se déguise en frayeur pour ma vie.
Est-ce à moi d'abuser du penchant malheureux
Qui te fait une loi de tout ce que je veux ?

1.

Issu des Scipions, tu crains qu'à ta mémoire
On ne refuse un jour place dans leur histoire;
Et le rang de préteur, qui te lie au sénat,
Trouble en un conjuré le cœur du magistrat.
Tu crains pour Rome enfin; voilà ce qui t'arrête,
Quand tu ne crois ici craindre que pour ma tête.
Va, de trop de remords je te vois combattu,
Pour te ravir l'honneur d'un retour de vertu.

LENTULUS.

Catilina, laissons un discours qui m'offense :
Tes soupçons sont toujours trop près de ta prudence.
A force de vouloir approfondir un cœur,
Un faux jour a souvent produit plus d'une erreur;
Et les plus éclairés ont peine à s'en défendre :
Mais un chef de parti ne doit point s'y méprendre.
D'entre les conjurés distingue tes amis,
Et qu'un discours sans fard leur soit du moins permis.
De toutes les grandeurs qui feront ton partage,
Je ne t'ai demandé que ce seul avantage ;
Laisse-m'en donc jouir : mon amitié pour toi
N'a que trop signalé sa constance et sa foi.
Dis-moi, si ta fierté jusque-là peut descendre,
De tant d'excès affreux ce que tu peux prétendre.
Pourquoi faire égorger Nonius cette nuit ?
Et de ce meurtre enfin quel peut être le fruit ?

CATILINA.

Celui d'épouvanter le premier téméraire
Qui, de mes volontés secret dépositaire,
Osera comme lui balancer un moment,
Et s'exposer aux traits de mon ressentiment.

Lentulus, dans le fond, doit assez me connoître
Pour croire que je n'ai sacrifié qu'un traître,
Et que ces cruautés qui lui font tant d'horreur
Sont de ma politique, et non pas de mon cœur.
Ce qui semble forfait dans un homme ordinaire,
En un chef de parti prend un aspect contraire :
Vertueux ou méchant au gré de son projet,
Il doit tout rapporter à cet unique objet.
Qu'il soit cru fourbe, ingrat, parjure, impitoyable,
Il sera toujours grand s'il est impénétrable,
S'il est prompt à plier ainsi qu'à tout oser,
Et qu'aux yeux du public il sache en imposer.
Il doit se conformer aux mœurs de ses complices,
Porter jusqu'à l'excès les vertus et les vices,
Laisser de son renom le soin à ses succès.
Tel on déteste avant, que l'on adore après.
Je ne vois sous mes lois qu'un parti redoutable,
A qui je dois me rendre encor plus formidable.
S'il ne se fût rempli que d'hommes vertueux,
Je n'aurois pas de peine à l'être encor plus qu'eux.
Hors Céthégus et toi, dignes de mon estime,
Le reste est un amas élevé dans le crime,
Qu'on ne peut contenir sans les faire trembler,
Et qui n'aiment qu'autant qu'on sait leur ressembler.
Un chef autorisé d'une juste puissance
Soumet tout, d'un coup-d'œil, à son obéissance :
Mais, dès qu'il est armé pour troubler un état,
Il trouve un compagnon dans le moindre soldat;
Et l'art de le soumettre exige un art suprême,
Plus difficile encor que la victoire même.

LENTULUS.

Songe à les subjuguer sans te rendre odieux.
Mais, avant que le jour nous surprenne en ces lieux,
Au temple de Tellus dis-moi ce qui t'appelle.
Son grand-prêtre Probus te sera-t-il fidèle?
Quoique rien en ce lieu ne borne son pouvoir,
Je ne sais si Probus remplira notre espoir.
Il est vrai qu'à ses soins nous devons cet asile,
Dont il nous rend l'accès aussi sûr que facile;
Mais au nouveau consul le grand-prêtre est lié
Par l'intérêt, le sang, l'orgueil ou l'amitié.
Lorsqu'à des conjurés ses pareils s'associent,
C'est par des trahisons que tous se justifient.
Aujourd'hui le sénat doit s'assembler ici;
Ce n'est pas cependant mon plus cruel souci.
Je crains, je l'avoûrai, les fureurs de Fulvie;
Et je crains encor plus ton amour pour Tullie
Fille d'un ennemi dangereux et jaloux,
De Cicéron enfin, l'objet de ton courroux.
Eh! comment, dans un cœur qu'un si grand soin entraîne,
Peux-tu concilier tant d'amour et de haine?
L'amour pour tes pareils auroit-il des appas?

CATILINA.

Ah! si je le ressens, je n'y succombe pas.
Qu'un grand cœur soit épris d'une amoureuse flamme,
C'est l'ouvrage des sens, non le foible de l'ame;
Mais, dès que par la gloire il peut être excité,
Cette ardeur n'a sur lui qu'un pouvoir limité.
C'est ainsi que le mien est épris de Tullie.
Ses graces, sa beauté, sa fière modestie,

Tout m'en plaît, Lentulus ; mais cette passion
Est moins amour en moi, qu'excès d'ambition.
Malgré tous les objets dont son orgueil se pare,
Tullie est ce que Rome eut jamais de plus rare :
Je vois à son aspect tout un peuple enchanté,
Et c'est de tant d'attraits le seul qui m'ait tenté :
Sans la foule des cœurs qui s'empressent pour elle,
Tullie à mes regards n'eût point paru si belle.
Mais je n'ai pu souffrir que quelque audacieux
Vînt m'enlever un bien qu'on croit si précieux.
Enfin je l'ai conquis, et sans cette victoire
Je croirois aujourd'hui que tout manque à ma gloire.
Ce n'est pas que l'amour en soit le seul objet :
Loin que de mes desseins il suspende l'effet,
Cette flamme, où tu crois que tout mon cœur s'applique,
Est un fruit de ma haine et de ma politique.
Si je rends Cicéron favorable à mes feux,
Rien ne peut désormais s'opposer à mes vœux :
Je tiendrai sous mes lois et la fille et le père,
Et j'y verrai bientôt la république entière.
Je sais que ce consul me hait au fond du cœur,
Sans oser d'un refus insulter ma faveur ;
Il craint en moi le peuple, et garde le silence :
Mais, tandis qu'entre nous Rome tient la balance,
J'ai cru devoir toujours poursuivre avec éclat
Un hymen qui le perd dans l'esprit du sénat.
Au temple de Tellus voilà ce qui m'appelle.
Probus, qu'à Cicéron je veux rendre infidèle,
M'y sert à ménager des traités captieux,
Où, sans rien terminer, je les trompe tous deux.

Mais, loin de confier nos desseins au grand-prêtre,
De ses propres secrets je suis déjà le maître.
J'ai flatté son orgueil par le pontificat;
J'ai parlé pour lui seul en public, au sénat,
Tandis que pour César, aidé de Servilie,
J'engageois Cicéron trompé par Césonie.
Enfin, Probus sait trop que, s'il m'osoit trahir,
Il ne me faut qu'un mot pour le faire périr.
Même ici, par ses soins, je dois revoir Tullie.
Ne crains point cependant le courroux de Fulvie :
Son cœur fut trop à moi pour en redouter rien.

LENTULUS.

Elle a trop pénétré l'artifice du tien,
Pour ne se point venger de tant de perfidie.
Elle est femme, jalouse, imprudente, hardie ;
Elle sait tout : bientôt nous serons découverts,
Et je n'entrevois plus que de tristes revers.
Que faisons-nous dans Rome? et sur quelle espérance,
Parmi tant d'ennemis, avoir tant d'assurance ?
Contre César et toi les clameurs de Caton
Ne cessent d'irriter Antoine et Cicéron.
Ces deux consuls, tous deux amis de la patrie,
Brûlant de cet amour que tu nommes manie,
Peut-être trop instruits de nos desseins secrets,
Préviendront d'un seul coup ta haine et tes projets.
Déjà de toutes parts je vois grossir l'orage :
Crassus devient suspect, t'en faut-il davantage ?
Et tu n'ignores pas que depuis plus d'un jour
Les lettres de Pompée annoncent son retour ;

Que Pétréius, suivi de nombreuses cohortes
Bientôt de Rome même occupera les portes.
César, dont le génie égale le grand cœur,
T'accuse d'imprudence et de trop de lenteur.

CATILINA.

Oui, je sais que César désire ma retraite,
Pour briguer au sénat l'honneur de ma défaite,
Pour voir nos légions marcher sous ses drapeaux,
Et pour profiter seul du fruit de mes travaux :
Mais, si le sort répond à l'espoir qui m'anime,
Je ferai de César ma première victime.
Il est trop jeune encor pour me donner la loi,
Et je n'en veux ici recevoir que de moi.
Qu'ai-je à craindre dans Rome, où le peuple m'adore,
Où je veux immoler ce sénat que j'abhorre ?
Le péril est égal, ainsi que la fureur ;
Et j'ai de plus sur eux ma gloire et ma valeur.
L'exemple de Sylla n'a que trop fait connoître
Combien il est aisé de leur donner un maître ;
Et ce Pompée enfin, si fameux aujourd'hui,
Tremblera devant moi comme il fit devant lui.
Manlius, avec nous toujours d'intelligence,
Aussi prompt que toi-même à servir ma vengeance,
Avec sa légion doit joindre Célius,
Et Céson avec lui rejoindre Manlius.
Sunnon, des fiers Gaulois le ministre fidèle,
Qui les voit menacés d'une guerre nouvelle,
Habile à profiter de celle des Romains,
Doit de tout son pouvoir appuyer nos desseins.

Cesse de m'opposer une crainte frivole ?
Dès demain je serai maître du Capitole.
C'est du haut de ces lieux que, tenant Rome aux fers,
Je veux avec les dieux partager l'univers.
Rome, je n'ai que trop fléchi sous ta puissance ;
Mais je te punirai de mon obéissance.
Pardonne ce courroux à la noble fierté
D'un cœur né pour l'empire, ou pour la liberté.

LENTULUS.

Ah ! je te reconnois à ce noble langage :
Rome même est trop peu pour un si grand courage.
Remplis ton sort ; fais voir à l'univers jaloux
Qu'il ne devoit avoir d'autres maîtres que nous.
Adieu, Catilina. Probus vient : je te laisse.

CATILINA.

Va ; dis à Céthégus qu'il tienne sa promesse.
L'un et l'autre en secret daignez voir Manlius,
Et faites observer Fulvie et Curius.

SCÈNE II.

CATILINA, PROBUS.

PROBUS.

En quoi ! seigneur, c'est vous que votre vigilance
A conduit le premier aux autels que j'encense !
Saviez-vous que Tullie y dût porter ses pas ?

CATILINA.

Je le sais, cependant je ne l'y cherche pas :
Votre intérêt, Probus, est tout ce qui m'amène,
Et mon cœur à vous seul veut confier sa peine.

César, que Cicéron appuyoit au sénat,
César est désormais sûr du pontificat;
Il l'emporte sur vous, et son audace extrême
Veut soumettre à ses lois la religion même.
J'ai cru, de Cicéron qui vous est allié,
Que mon parti pour vous seroit fortifié,
Ou qu'il choisiroit mieux du moins votre adversaire;
Mais ses trésors ont fait ce que je n'ai pu faire:
C'est ainsi qu'aujourd'hui se gouvernent les lois.
Ce sénat, le modèle et le tuteur des rois,
Qui fit à l'univers admirer sa justice,
Qui punissoit de mort un soupçon d'avarice,
Qui puisoit ses décrets dans le conseil des dieux,
Vend ce qu'à la vertu réservoient nos aïeux.
Je vois avec douleur que cet affront vous blesse.

PROBUS.

Eh ! ce n'est pas moi seul, seigneur, qu'il intéresse;
Il rejaillit sur vous encor plus que sur moi,
Vous, qu'un vil orateur fait plier sous sa loi;
Vous, qui, jusqu'à ce jour, armé d'un front terrible,
Des cœurs audacieux fûtes le moins flexible;
Qui, d'un sénat tremblant à votre fier aspect,
Forciez d'un seul regard l'insolence au respect :
A sa voix aujourd'hui plus soumis qu'un esclave,
Enfin à votre tour vous souffrez qu'on vous brave,
Et vous abandonnez le soin de l'univers
A des hommes sans nom qui mettent Rome aux fers.
Eh ! que m'importe à moi que le sénat m'outrage,
Que la corruption mette à prix son suffrage ?

Crébillon. 3.

L'univers ne perd rien à mon abaissement ;
Mon nom ni mes vertus n'en font pas l'ornement ;
Les dieux ne m'ont point fait pour le régir en maître :
Vous seul.... Mais désormais méritez-vous de l'être,
Avec une valeur qui n'oseroit agir,
Et ce front outragé qui ne sait que rougir ?
Quoi ! pour vous engager à sauver la patrie,
Faudra-t-il qu'avec moi tout un peuple s'écrie :
« La mort nous a ravi Marius et Sylla ;
Qu'ils revivent en toi ; règne, Catilina ? »

CATILINA.

Probus, ne tentez point une indigne victoire.
Les crimes du sénat ne souillent point ma gloire.
Je frémis comme vous de tout ce que j'y vois,
De l'abus du pouvoir et du mépris des lois ;
J'admire en vous surtout cette ame bienfaisante
Que l'approche des dieux rend si compatissante :
Mais, parmi tant d'objets cités pour m'émouvoir,
Vous en oubliez un.

PROBUS.

Quel est-il ?

CATILINA.

Mon devoir.

A combien de désirs il faut que l'on s'arrache,
Si l'on veut conserver une vertu sans tache !
L'outrage n'est suivi d'aucun ressentiment,
Dès que le bien public s'oppose au châtiment :
Ses intérêts sacrés font notre loi suprême ;
Et s'immoler pour eux, c'est vivre pour soi-même.

Considérez ce temple orné de mes aïeux,
Que Rome a cru devoir placer parmi vos dieux.
Le sang qu'ils prodiguoient pour cette auguste mère
N'a laissé dans son sein qu'un fils qui la révère ;
Et, tout muets qu'ils sont, ces marbres généreux
Ne m'en disent pas moins qu'il faut l'être autant qu'eux.
Rome ne me doit rien, et je lui dois la vie.

PROBUS.

Ainsi vous souffrirez qu'elle soit asservie ;
Qu'un peuple qui vous a nommé son protecteur
Soit réduit à chercher un autre défenseur !
En vain, fondant sur vous sa plus chère espérance,
Rome vous élevoit à la toute-puissance :
J'entrevois dans le cœur d'un fier patricien
Les foiblesses de cœur d'un obscur plébéien ;
Et c'est Catilina qui seul ici protège
Un reste de sénat impur et sacrilège,
Un tas d'hommes nouveaux proscrits par cent décrets,
Que l'orgueilleux Sylla dédaigna pour sujets !
Disparu dans l'abîme où son orgueil le plonge,
Les grandeurs du sénat ont passé comme un songe.
Non, ce n'est plus ce corps digne de nos autels,
Où les dieux opinoient à côté des mortels :
De ce corps avili Minerve s'est bannie
A l'aspect de leur luxe et de leur tyrannie.
On ne voit que l'or seul présider au sénat,
Et de profanes voix fixer le consulat.
Enfin, Rome n'est plus, sans le secours d'un maître.
Et qui d'eux plus que vous seroit digne de l'être ?

César semble promettre un heureux avenir,
Que peut-être moins jeune il osera ternir.
Lucullus n'est plus rien; et son rival Pompée
N'a pour lui qu'un bonheur où Rome s'est trompée.
Crassus, plein de désirs indignes d'un grand cœur,
Borne à de vils trésors les soins de sa grandeur.
Cicéron, ébloui du feu dé son génie....
Mais je veux respecter le père de Tullie.
Pour Caton, je n'y vois qu'un courage insensé,
Un faste de vertu qu'on a trop encensé.
Le reste n'est point fait pour prétendre à l'empire :
C'est à vous seul, seigneur, que j'ose le prédire.
Quelle gloire pour vous, en domtant les Romains,
De pouvoir vous vanter au reste des humains
Que, sans avoir des dieux emprunté le tonnerre,
Un seul homme a changé la face de la terre !

CATILINA.

Ministre des autels, que me proposez-vous ?

PROBUS.

La gloire de bien faire, et le salut de tous;
Ce qu'un grand cœur, flatté de cet honneur suprême,
Auroit dû dès long-temps se proposer lui-même.

CATILINA.

Ah ! Probus, je l'avoue, une si noble ardeur
Porte des traits de feu jusqu'au fond de mon cœur;
Je sens que, malgré moi, mes scrupules vous cèdent.

PROBUS.

Hé bien ! qu'à ce remords de prompts effets succèdent :
D'armes et de soldats remplissons tous ces lieux,
Où le sénat impie ose troubler mes dieux :

Dans un sang ennemi.... Mais j'aperçois Tullie.

CATILINA.

Ne vous éloignez point, cher Probus, je vous prie.
J'ai besoin de conseil dans le trouble où je suis;
Et je vous rejoindrai bientôt, si je le puis.

(Probus se retire dans le fond du théâtre.)

SCÈNE III.

CATILINA, TULLIE.

CATILINA.

Quoi ! madame, aux autels vous devancez l'aurore !
Eh ! quel soin si pressant vous y conduit encore ?
Qu'il m'est doux cependant de revoir vos beaux yeux
Et de pouvoir ici rassembler tous mes dieux !

TULLIE.

Si ce sont là les dieux à qui tu sacrifies,
Apprends qu'ils ont toujours abhorré les impies,
Et que, si leur pouvoir égaloit leur courroux,
La foudre deviendroit le moindre de leurs coups.

CATILINA.

Tullie, expliquez-moi ce que je viens d'entendre :
Ma gloire et mon amour craignent de s'y méprendre;
Et si nous n'étions seuls, malgré ce que je voi,
Je ne croirois jamais que l'on s'adresse à moi.

TULLIE.

Ah ! ce n'est qu'à vous seuls, grands dieux, que je m'adresse,
Et non à des cruels qu'aucun remords ne presse,
Monstres dont la fureur brave les immortels,
Et que le crime suit jusqu'au pied des autels;

2.

Qui, tout baignés d'un sang qui demande vengeance,
Osent des dieux vengeurs insulter la présence.
Le sang de Nonius, versé près de ces lieux,
Fume encore; et voilà l'encens qu'on offre aux dieux !
La sacrilège main qui vient de le répandre
N'attend plus qu'un flambeau pour mettre Rome en cendre.
Ce n'est point Mithridate ennemi des Romains,
Ni le Gaulois altier qui forme ces desseins ;
Grands dieux ! c'est une main plus fatale et plus chère
Qui menace à-la-fois la patrie et mon père.
Ces excès de fureur, inconnus à Sylla,
N'étoient faits que pour toi, traître Catilina.

CATILINA.

D'un reproche odieux réprimez la licence,
Madame, ou contraignez vos soupçons au silence :
Songez, pour violer le respect qui m'est dû,
Qu'il faut auparavant que je sois convaincu ;
Qu'il faut l'être soi même, avant que d'oser croire
La moindre lâcheté qui peut flétrir ma gloire;
Que l'amour est déchu de son autorité,
Dès qu'il veut de l'honneur blesser la dignité.
Souvenez-vous enfin qu'un généreux courage
Pardonne à qui le hait, mais point à qui l'outrage.

TULLIE.

Et qu'ai-je à redouter de ton inimitié?
Tu ne me verras point implorer ta pitié,
Cruel ! tu peux porter à la triste Tullie
Tous les coups que ta main réserve à la patrie.
Borne tes cruautés à déchirer un cœur
Qui s'est déshonoré par une lâche ardeur :

Ce cœur, que trop long-temps a souillé ton image,
N'est plus digne aujourd'hui que d'opprobre et d'outrage :
Rien ne peut expier la honte de mes feux.
Mais ne présume pas que ce cœur malheureux,
Que tes fausses vertus t'ont rendu favorable,
T'épargne un seul moment dès qu'il te sait coupable :
Tu le verras plus prompt à s'armer contre toi,
Qu'il ne le fut jamais à t'engager sa foi.
Grands dieux ! n'ai-je brûlé d'une flamme si pure,
Que pour un assassin, un rebelle, un parjure ?
Et le barbare encore insulte à ma douleur !
Il veut que mon devoir respecte sa fureur !
Mais, cruel, mon amour n'en sera point complice ;
Dût-on charger ma main du soin de ton supplice,
Je n'hésiterai point à te sacrifier.
Tu n'as plus qu'un moment à te justifier.

CATILINA.

Et de quoi voulez-vous que je me justifie ?

TULLIE.

D'un complot qui bientôt te coûtera la vie.
Mais, puisque ton orgueil s'obstine à le nier,
Et que tu me réduis, traître, à t'humilier,
Esclave, paroissez.

SCÈNE IV.

CATILINA, TULLIE, FULVIE déguisée en esclave.

CATILINA, à part.

QUE vois-je ? c'est Fulvie !

TULLIE, à Fulvie.

Parlez ; je vous l'ordonne au nom de la patrie.

FULVIE.

Qui ? moi parler, madame ! A quel péril affreux
Exposez-vous ici les jours d'un malheureux !
D'un Romain, quels qu'en soient le rang et la naissance,
Je sais combien je dois respecter la présence :
De celui-ci surtout je redoute l'aspect.

TULLIE.

Parlez, et dépouillez ce frivole respect.
Un esclave enhardi par le salut de Rome
Doit-il tant s'effrayer à l'aspect d'un seul homme ?
Connoissez-vous celui qui paroît à vos yeux ?
Répondez : quel est-il ?

FULVIE.

C'est un séditieux.

Je ne connois que trop ce mortel redoutable,
Et le plus grand de tous, s'il étoit moins coupable.
Oui, madame, c'est lui : voilà le furieux
Qui veut souiller de sang sa patrie et ses dieux,
Égorger le sénat, immoler votre père,
Et, la flamme à la main, désoler Rome entière.

CATILINA, feignant de ne pas reconnoître Fulvie.

Quoi ! vous osez commettre un homme tel que moi
Avec des malheureux si peu dignes de foi !
Et vous me réduisez à souffrir qu'un esclave,
Au mépris de mon rang, me flétrisse et me brave !
Ah ! c'est pousser l'injure et l'audace trop loin.

TULLIE.

Ingrat, rougis du crime, et non pas du témoin.
Mais en vain ton orgueil s'attache à le confondre :
Vanter ta dignité, ce n'est pas me répondre.

(à Fulvie.)

Adieu. Vous, suivez-moi.

CATILINA, arrêtant Fulvie.

Non, non, il n'est plus temps :
Cet esclave est chargé d'avis trop importants.
D'ailleurs, dès qu'avec lui vous osez me commettre,
Souffrez qu'en d'autres mains je puisse le remettre.
Probus, venez à nous.

SCÈNE V.

CATILINA, TULLIE, FULVIE, PROBUS.

TULLIE.

Quel est donc ton dessein ?

CATILINA.

C'est au nom du sénat et du peuple romain,
Qui de ces lieux sacrés vous fit dépositaire,
Probus, qu'entre vos mains je mets ce téméraire.

TULLIE.

En vain par ce dépôt tu crois m'en imposer :
Je vois à quel dessein tu veux en disposer.

CATILINA.

Non : loin que ma fierté désormais le récuse,
C'est devant le sénat que je veux qu'il m'accuse.
Puisqu'il doit en ces lieux s'assembler aujourd'hui,
C'est à Probus, madame, à répondre de lui.

TULLIE.

Songe, Catilina, qu'il y va de ta vie.

CATILINA.

Allez, songez, madame, à sauver la patrie.

C'est des jours d'un ingrat prendre trop de souci;
Et l'amour n'a plus rien à démêler ici.

SCÈNE VI.

CATILINA, seul

Qu'aurois-je à redouter d'une femme infidèle?
Où seront ses garants? Et d'ailleurs, que sait-elle?
Quelques vagues projets dont l'imprudent Caton
Nourrit depuis long-temps la peur de Cicéron;
Projets abandonnés, mais dont ma politique
Par leur illusion trompe la république,
Sait de ce vain fantôme occuper le sénat,
L'effrayer d'un faux bruit ou d'un assassinat,
Et ne lui laisser voir que des mains meurtrières,
Tandis qu'un grand dessein échappe à ses lumières.
Maître de mes secrets, j'ai pénétré les siens;
Et Lentulus lui-même ignore tous les miens.
De cent mille Romains armés pour ma querelle,
Aucun ne se connoît, tous combattront pour elle.
De l'un des deux consuls je me suis assuré :
Plus que moi, contre l'autre, Antoine est conjuré :
César ne doit qu'à moi sa dignité nouvelle,
Et je sais qu'à ce prix il me sera fidèle.
Voilà comme un consul qui pense tout prévoir
Souvent pour mes desseins agit sans le savoir.
L'Africain peu soumis, le Gaulois indomtable,
Tout l'univers enfin, las d'un joug qui l'accable,
N'attend pour éclater que mes ordres secrets,
Et Cicéron n'est point instruit de mes projets.

Ce n'est pas dans tes murs. Rome, que je m'arrête :
Des cris du monde entier j'ai grossi la tempête.
Mon cœur n'étoit point fait pour un simple parti
Que le premier revers eût bientôt ralenti.
J'ai séduit tes vieillards ainsi que ta jeunesse,
César, Sylla, Crassus, et toute ta noblesse....
Mais il faut retourner à Probus qui m'attend :
Ménageons avec lui ce précieux instant,
Pour rendre sans effet le courroux de Tullie,
Et pour mettre à profit les fureurs de Fulvie.
Soutiens, Catilina, tes glorieux desseins :
Maître de l'univers, si tu l'es des Romains,
C'est aujourd'hui qu'il faut que ton sort s'accomplisse,
Que Rome à tes genoux tombe, ou qu'elle périsse.

FIN DU PREMIER ACTE.

ACTE SECOND.

SCÈNE I.

FULVIE, PROBUS.

FULVIE.

N'ABUSEZ point, Probus, de l'état où je suis;
Je vous perdrai : du moins, songez que je le puis.
Vous croyez, à l'abri de votre caractère,
Pouvoir impunément défier ma colère,
Et que mon cœur, tremblant à l'aspect de ce lieu,
Va mettre au même rang le ministre et le dieu :
Et quel ministre encore ! un sacrilège, un traître,
Qui, de Catilina devenu le grand-prêtre,
Des Tarquins sur son front veut ceindre le bandeau,
Et du sang des Romains nourrir ce dieu nouveau;
Lâche, qui se dévoue aux amours de Tullie;
Qui, de ses propres dieux profanateur impie,
Prête leur sanctuaire à des feux criminels,
Déshonore le prêtre et souille les autels.

PROBUS.

Cédez moins au torrent de votre jalousie,
Et, loin de m'offenser, écoutez-moi, Fulvie.
Considérez l'abîme où va vous engager
Une folle habitude à ne rien ménager.

Vous croyez vous venger; vous vous perdez vous-même,
Et, de plus, un amant qui peut-être vous aime.
Le dépit n'a jamais satisfait ses transports,
Qu'il n'ait livré notre ame à d'éternels remords.
L'amour le mieux vengé, quelle que soit l'offense,
Est souvent le premier à pleurer sa vengeance.
On punit l'inconstant; mais on perd en un jour
L'objet de sa tendresse et l'espoir d'un retour.
Enfin, que savez-vous si l'on aime Tullie?
A travers les fureurs dont votre ame est saisie,
Croyez-vous que l'amour éclaire assez vos yeux
Pour percer les replis d'un cœur ambitieux?
Vous savez les projets que votre amant médite :
En pénétrez-vous bien les détails et la suite?
Un homme tel que lui doit-il à découvert
Se montrer sans prudence au grand jour qui le perd?
Peut-il porter trop loin l'artifice et la feinte?
Non : il faut que son cœur ne soit qu'un labyrinthe;
Que l'amour même en vain y cherche des secrets
Que pour lui la raison et l'honneur n'ont point faits.
L'usage qu'aujourd'hui vous avez osé faire
Des secrets dont l'amour vous fit dépositaire
Ne vous prouve que trop, malgré votre dépit,
Pour peu qu'il ait parlé, qu'il n'en a que trop dit.
L'impétueux Caton murmure, tonne, éclate,
Trouble tout pour servir un consul qui le flatte :
Devenu du sénat et l'idole et l'espoir,
Cicéron est armé du souverain pouvoir :
Le sénat, qui sur lui redoute une entreprise,
Pour mettre son héros à couvert de surprise,

Crébillon. 3.   3

De l'ordre équestre entier le fait accompagner.
Puisqu'on ne peut le perdre, il faut donc le gagner.
Pour le faire périr, il faut la force ouverte ;
Mais ce seroit sans fruit travailler à sa perte.
Un hymen prétendu peut calmer ses frayeurs ;
Et cet hymen devient l'objet de vos fureurs !
Plus de raison alors ; et la fière Fulvie
Expose un nom célèbre aux mépris de Tullie,
Se couvre sans rougir d'un vil déguisement !
Pourquoi ce déshonneur ? pour perdre son amant !
Ah ! madame, ce cœur, dont j'ai plaint la tendresse,
De l'habit qui vous cache a-t-il pris la bassesse ?
Dans quel sein déposer des secrets dangereux,
Si le cœur d'une amante est un écueil pour eux ?
Vit-on jamais l'amour, dans sa plus noire ivresse,
Emprunter du dépit une langue traîtresse ?

FULVIE.

Qui donc ai-je trahi, ministre ambitieux ?
Et quelle foi doit-on à des séditieux ?
La garder aux méchants, c'est partager leurs crimes.
Mais je vois que Probus connoît peu ces maximes ;
Et je sais, quand la haine enflamme vos pareils,
Jusqu'où va la noirceur de leurs lâches conseils,
Surtout lorsqu'il s'agit de venger leurs injures.
César est désigné souverain des augures :
Cicéron a brigué pour ce rival heureux,
Et le place en un rang dont on flattoit vos vœux :
Catilina d'ailleurs vous étoit favorable.
Le moyen qu'à vos yeux je ne sois point coupable,

Moi qui viens de sauver un consul odieux
Qui s'est osé jouer d'un ministre des dieux
Qui, de sa dignité dépositaire habile,
Plein de faste aux autels, et près des grands servile,
Sur l'espoir de leurs dons mesure sa ferveur,
Et n'adore en effet que la seule faveur ?
Mon devoir m'ordonnoit de sauver la patrie :
Imitez-le, ou gardez vos conseils pour Tullie.
Croyez-moi, terminez d'imprudentes leçons
Qui ne font qu'irriter ma haine et mes soupçons.
Cessez de me flatter qu'on peut m'aimer encore ;
J'ai trop vu la beauté que l'infidèle adore :
Mes yeux avant ce jour ne la connoissoient pas,
Mais vous me payerez ses funestes appas.
C'est vous qui leur gagnez sur moi la préférence,
Moi que déshonoroit la seule concurrence.
Pourquoi de cet hymen m'a-t-on fait un secret ?
Et pourquoi, s'il est feint, m'en cacher le projet ?
Traître, ce n'est pas vous qui deviez me l'apprendre ;
Mais on croit n'avoir rien à craindre d'un cœur tendre.
Sachez que d'un secret à demi confié
Dès qu'on peut une fois percer l'autre moitié,
On est toujours en droit d'en trahir le mystère,
Et qu'on ne doit plus rien à qui nous l'ose faire.

PROBUS.

Hé bien ! perdez, madame, un homme généreux
Qui veut briser les fers de tant de malheureux ;
Vengez votre beauté d'un amant infidèle,
Et votre orgueil blessé des projets qu'il vous cèle ;

D'un long embrasement devenez le flambeau,
Et nous ouvrez à tous les portes du tombeau.
Mais Catilina vient; évitez sa présence,
Ou du moins gardez-vous d'irriter sa vengeance.

SCÈNE II.

CATILINA, FULVIE, PROBUS.

CATILINA.

PROBUS, où sommes-nous? et qu'est-ce que je voi?
Quel opprobre pour Rome! et quel affront pour moi!
C'est aux yeux du sénat, aux miens, qu'une Romaine,
Au mépris des devoirs où son sexe l'enchaîne,
Sous un déguisement fait pour de vils humains,
S'en va déshonorer le premier des Romains,
De ses folles erreurs le rendre la victime,
Sans daigner seulement l'éclaircir de son crime!
Et, lorsque tout conspire à me justifier,
Sa jalouse fureur veut me sacrifier!
Eh! quel étoit le but où ma valeur aspire?
Pour qui voulois-je ici conquérir un empire?
Est-ce pour Cicéron, l'objet de mon courroux,
Lui que je voudrois voir expirer sous mes coups?
Non; c'est pour une ingrate à qui je sacrifie
Ma gloire, mon devoir, et le soin de ma vie.

FULVIE.

Poursuis, Catilina: le reproche sied bien
A des cœurs innocents et purs comme le tien;
Mais dans l'art de tromper, ta science suprême,
Tu m'en as trop appris pour me tromper moi-même.

Va, cesse d'éclater sur mon déguisement ;
Tout, jusqu'à ton courroux, est faux en ce moment.
Égorge Cicéron aux yeux de sa famille,
Je ne t'en croirai pas moins épris de sa fille.
Ce n'est pas d'aujourd'hui que tu sais allier
La vertu, les forfaits, l'amant, le meurtrier ;
Et, Tullie à tes yeux fût-elle encor plus chère,
Rien ne garantiroit la tête de son père.
Mais de quoi te plains-tu ? quel est mon attentat ?
Est-ce moi qui prétends t'accuser au sénat ?
De l'espoir d'être à toi ma tendresse enivrée
A tes lâches complots ne m'a que trop livrée.
Songe que tu me dois et César et Crassus,
Les enfants de Sylla, Cépion, Lentulus.
Cruel ! j'aurois voulu que tout ce qui respire
Eût été comme moi soumis à ton empire.
Mais tandis que pour toi je séduisois les cœurs,
Tu préparois au mien le comble des horreurs;
Et le tien, trop épris des charmes de Tullie,
A bientôt oublié ce qu'il doit à Fulvie.
Cependant, qui de nous s'arme ici contre toi ?
C'est elle qui te perd, ingrat; ce n'est pas moi.
Il est vrai qu'en son cœur j'ai voulu te détruire;
Mais c'est là seulement qu'attachée à te nuire,
Contente de pouvoir vous désunir tous deux,
Je n'ai rien oublié pour te rendre odieux.
Eh ! pouvois-je prévoir que l'honneur chimérique
De sauver les débris d'un nom de république
Porteroit une amante à perdre son amant ?
Mais pour t'en garantir je ne veux qu'un moment.

Abandonne à mon cœur le soin de ta défense.
Je ne sais s'il te doit ou tendresse ou vengeance;
Je ne veux sur ce point nul éclaircissement
Qui puisse triompher d'un plus doux mouvement.
Mais, par un désaveu, souffre que j'humilie
A l'aspect du sénat l'orgueilleuse Tullie.
Son cœur est désormais indigne de ta foi.

CATILINA.

Tullie en me perdant se rend digne de moi ;
Et vous, qui prétendez me sauver par un crime,
Vous ne méritez plus mes vœux ni mon estime.
C'est au sénat qu'il faut m'accuser aujourd'hui :
Je ne redoute rien ni de vous ni de lui.
Si jamais vous osiez y démentir Tullie,
Un affront si sanglant vous coûteroit la vie.
Ainsi déclarez tout ; c'est l'unique moyen
De regagner un cœur qui ne vous doit plus rien.
Vos fureurs n'ont que trop épuisé ma constance.
Mais je vois les licteurs, et le consul s'avance :
Éloignez-vous d'ici.

FULVIE.

Tu me braves, ingrat !
Adieu : tu me verras ce jour même au sénat.

(Elle sort.)

CATILINA.

Probus, suivez ses pas : allez tous deux m'attendre,
Et cachez Manlius qui doit ici se rendre.

SCÈNE III.

CICÉRON, CATILINA, LES LICTEURS.

CICÉRON, faisant signe aux licteurs de s'éloigner.

C'EST vous, Catilina, que je cherche en ces lieux,
Non comme un sénateur jaloux et furieux,
Mais comme un ennemi qui sait régler sa haine
Sur ce qu'en peut permettre une vertu romaine.
Enfin, depuis le jour que le sort des Romains,
Par le choix des tribuns, fut remis en mes mains,
Vous ne m'avez point vu, soigneux de vous déplaire,
Braver l'inimitié d'un si noble adversaire.
Je remportai sur vous l'honneur du consulat,
Sans acheter les voix du peuple et du sénat ;
Et vous savez assez que cette préférence,
Qui flattoit vos désirs, passoit mon espérance.
Mais le sénat, toujours en butte à vos mépris,
Réunit en moi seul les yœux et les esprits.
Encor si quelquefois vous daigniez vous contraindre ;
Que, fait pour être aimé, vous vous fissiez moins craindre ;
Que, mettant à profit tant de dons précieux,
Vous affectassiez moins un orgueil odieux !
Mais, bravant le sénat et les consuls ensemble,
A vos moindres chagrins vous voulez que tout tremble.
Regardez ces autels, voyez parmi nos dieux
Ces marbres consacrés aux noms de vos aïeux :
Leurs grands cœurs ont toujours haï la tyrannie,
Et Rome n'a jamais tremblé que pour leur vie.

Si, moins ambitieux, votre haute valeur
Ne nous eût inspiré que la même terreur,
Qui d'entre nous pouvoit refuser son suffrage
Aux vertus dont le ciel a fait votre partage ?
Politique, orateur, capitaine, soldat,
Vos défauts des vertus ont même encor l'éclat.
Quel citoyen pour nous, et le plus grand peut-être,
S'il nous menaçoit moins de nous donner un maître !
On dit.... Mais je crois peu des bruits mal assurés
Qui vous osent nommer parmi des conjurés.
Tout défiant qu'il est, Caton ne l'ose croire.
Cependant le sénat, jaloux de votre gloire,
Pour étouffer des bruits qui dans un sénateur
Pourroient en vous blessant blesser son propre honneur,
Dès hier vous nomma gouverneur de l'Asie.
Pompée et Pétréius, descendus vers Ostie,
L'un et l'autre chargés de vous y recevoir,
Remettront dans vos mains leur souverain pouvoir.
Partez donc, et songez que votre obéissance
Peut seule être le prix de notre confiance.

CATILINA.

Ainsi donc le sénat veut, sans me consulter,
Me charger d'un emploi que je puis rejeter.
Je ne sais s'il a cru me forcer à le prendre ;
Mais j'ignore comment vous osez me l'apprendre,
Et croire m'éblouir jusqu'à me déguiser
Tout l'affront d'un honneur que je dois mépriser.
On me hait ; on me craint : on conspire dans Rome ;
Parmi des conjurés c'est moi seul que l'on nomme :

Cependant le sénat, peu certain de ma foi,
Daigne, malgré ces bruits, m'honorer d'un emploi :
Le farouche Caton, devenu plus flexible,
D'aucun soupçon encor ne paroît susceptible ;
Et Cicéron ne vient armé que de bienfaits,
Lorsqu'il peut par la foudre arrêter mes projets.
Mais d'un consul jaloux la politique habile
Devroit mieux me cacher que c'est lui qui m'exile,
Et ne point abuser de la crédulité
D'un sénat trop jaloux de son autorité !
Car enfin tous ces bruits, enfants de la foiblesse,
N'ont d'autres fondements qu'un soupçon qui vous blesse.

CICÉRON.

N'est-ce rien, selon vous, que d'être soupçonné ?
A votre ambition sans cesse abandonné,
Vous causez tant de trouble et tant d'inquiétude,
Que le moindre soupçon tient lieu de certitude.
Dès qu'on ose alarmer le pouvoir souverain,
On est toujours suspect d'un coupable dessein.
Peut-on trop sur ce point rassurer la patrie ?
Acceptez-vous l'emploi que Rome vous confie ?
C'est pour m'en éclaircir que je viens vous trouver.

CATILINA.

J'entends : c'est sur ce point que l'on veut m'éprouver.
Si j'accepte l'emploi, c'est à tort qu'on m'accuse ;
Et je suis criminel dès que je le refuse.
Mais, malgré l'appareil d'un frivole discours,
Je perce en ce moment à travers vos détours.
L'intérêt des Romains n'est pas ce qui vous guide :
C'est le seul mouvement d'une haine perfide,

Que le fiel de Caton sut toujours enflammer,
Et que mes soins en vain ont tenté de calmer.
J'ai fait plus : j'ai brigué jusqu'à votre alliance;
Et lorsque Rome attend avec impatience
Un hymen qui pourroit rassurer les esprits,
Vous osez le premier signaler des mépris !
Et depuis quand, seigneur, l'intérêt de ma gloire
Vous fait-il craindre un bruit que Caton n'ose croire,
Quand ce même Caton, citoyen furieux,
Répand seul contre moi ces bruits injurieux
Que vous autorisez avec trop d'imprudence,
Vous qui, de son orgueil nourrissant l'insolence,
Consacrez chaque jour ses transports insensés ?
Je vous connois tous deux mieux que vous ne pensez.
Timide, soupçonneux, et prodigue de plaintes,
Cicéron lit toujours l'avenir dans ses craintes :
Et Caton, d'un génie ardent, mais limité,
Ne connoît de vertu que la férocité ;
Prompt à se courroucer, enclin à contredire,
La haine est le seul dieu qui le meut et l'inspire.
Mais c'est perdre le temps en discours superflus,
Et je reviens aux soins qui vous touchent le plus.
Alarmé d'un pouvoir dont la grandeur vous blesse,
L'ardeur d'en triompher vous occupe sans cesse ;
Et comme il vous falloit le secours d'un emploi
Pour éloigner de Rome un homme tel que moi,
Vous m'avez fait nommer gouverneur de l'Asie,
Bienfait que je tiendrois de votre jalousie :
Mais mon nom seul ici vous faisant tous trembler,
Vous vous flattez qu'ailleurs vous pourrez m'accabler.

Déjà par Manlius l'Italie occupée
Va bientôt se remplir des troupes de Pompée;
Et ce fameux vainqueur de tant de nations
Vous offre son épée avec ses légions.
Que d'inutiles soins, dans le temps que Tullie
Pourroit à votre gré disposer de ma vie !
Car de ces noirs complots qui causent tant d'effroi
Elle a dû déclarer que le chef c'étoit moi.
Je ne présume pas qu'à son devoir soumise
Elle ait pu vous celer le chef de l'entreprise :
Pourquoi donc au sénat ne pas me déférer ?
J'entrevois les raisons qui vous font différer ;
C'est que mon rang demande une preuve plus grave
Que les rapports suspects d'un malheureux esclave.
Mais mon honneur m'engage à vous désabuser :
Avec ce seul témoin vous pouvez m'accuser;
Son nom garantit tout. Cet esclave est Fulvie,
Qui, jalouse en secret des charmes de Tullie,
A cru devoir troubler quelques soins innocents
Qu'exigeoient d'un grand cœur des charmes si touchants.
Qui croiroit qu'un consul si prudent et si sage
Eût été le jouet d'une femme volage ?
Vous rougissez, seigneur ; mais c'est avec éclat
Que je veux aujourd'hui me venger au sénat :
Car c'est là qu'en consul vous devez me répondre,
Et c'est là qu'en héros je saurai vous confondre.
Adieu.

SCÈNE I .

CICÉRON , seul.

DANS quel désordre il laisse mes esprits !
Quelle honte pour moi, si je m'étois mépris !
Catilina pourroit ne pas être coupable ;
Mais qu'il est dangereux ! et qu'il est redoutable !
Quel ennemi le sort nous a-t-il suscité !
Que de courage ensemble et de subtilité !
Son génie éclairé voit, pénètre, ou devine.
Rome n'est plus ; les dieux ont juré sa ruine.
Essayons cependant de calmer la fureur
Du perfide ennemi qui fait tout mon malheur.
S'il paroît au sénat, et qu'il s'y justifie ,
Son triomphe bientôt me coûteroit la vie.
Malgré tous ses détours, j'entrevois ce qu'il veut ;
Mais nous serions perdus s'il osoit ce qu'il peut.
Employons sur son cœur le pouvoir de Tullie,
Puisqu'il faut que le mien jusque-là s'humilie,
Quel abîme pour toi, malheureux Cicéron !
Allons revoir ma fille, et consulter Caton :
C'est là que je pourrai, dans le cœur d'un seul homme,
Retrouver à-la-fois nos dieux, nos lois, et Rome.

FIN DE SECOND ACTE.

ACTE TROISIÈME.

SCÈNE I.

SUNNON, GONTRAN.

SUNNON.

ARRÉTONS, cher Gontran : c'est dans ces lieux sacrés,
Décorés avec faste, au fond peu révérés ,
Qu'à la face des dieux nous allons voir éclore
Un projet qui m'alarme, et qui les déshonore :
C'est ici que bientôt Crassus, Catilina,
Antoine, Céthégus, les enfants de Sylla ,
Mille autres dont les noms éclatent dans l'histoire,
Et qui de leurs aïeux flétrissent la mémoire ,
Vont de leur sang impur sceller leur union ,
Et livrer Rome entière à la proscription.
Heureux si je pouvois, en ce désordre extrême ,
D'un parti que je hais me dégager moi-même !
Entraîné dès long-temps, peut-être corrompu
Par un ambitieux qui séduit ma vertu ,
Je me trouve forcé d'embrasser sa querelle ,
D'être ennemi de Rome, ou ministre infidèle.

GONTRAN.

Quoi ! des Gaules ici Sunnon ambassadeur
De ce rang si sacré voudroit flétrir l'honneur !

Crébillon. 3.   4

SUNNON.

Laissons l'honneur d'un rang qui n'est plus qu'un vain titre,
Lorsqu'un autre intérêt devient mon seul arbitre.
Les Gaules ont daigné m'envoyer en ces lieux ;
Mais où sont les Romains, leurs lois, même leurs dieux ?
Et quel devoir encor veux-tu que je trahisse
Parmi des furieux sans frein et sans justice ?
C'est aux évènements à disposer de moi.
D'ailleurs, dans ce chaos, à qui garder ma foi ?
A de vils sénateurs noyés dans la mollesse,
A deux consuls jaloux et désunis sans cesse ?
L'un des deux, sans honneur et sans fidélité,
Abuse chaque jour de son autorité :
L'autre a mille vertus, mais n'ose en faire usage.
Caton, loin de calmer, irritera l'orage.
Formidable au dehors, méprisable au dedans,
Le sénat n'est enfin qu'un amas de brigands
Unis pour le butin, divisés au partage,
Dont toute la vertu périt avec Carthage.
A peine il fut formé, qu'il détruisit ses rois :
Il détruit aujourd'hui l'autorité des lois.
Après avoir détruit et lois et diadème,
Nous le verrons bientôt se détruire lui-même.
Allumons le flambeau de la sédition ;
Rien ne peut nous sauver que leur division.
Tu ne sais pas encor quel péril nous menace.
Un Romain, (tu connois sa valeur, son audace,)
Et quel Romain encor ! César depuis un an
Brigue en secret l'honneur d'être notre tyran ;

C'est à nous gouverner que ce héros aspire.
Si la Seine un moment coule sous son empire,
Nous sommes tous perdus ; et Gaulois et Germains
Vont tomber sous le fer ou le joug des Romains.
Ce que la Grèce, Rome, et l'univers ensemble,
Eurent de plus parfait, dans César se rassemble :
Prudent, ambitieux ; l'homme de tous les temps,
De toutes les vertus et de tous les talents ;
Intrépide, éclairé ; d'autant plus redoutable,
Que de tous les mortels il est le plus aimable.
Mais Catilina vient : cher Gontran, laisse-nous.

SCÈNE II.

CATILINA, SUNNON.

CATILINA.

JE vous cherche, Sunnon, et j'ai besoin de vous.
De nos desseins secrets la trame est découverte,
Et je ne m'en crois pas plus voisin de ma perte.
Le sénat éperdu, les chevaliers épars,
Appellent à grand bruit le peuple au champ de Mars ;
De toutes parts enfin on murmure, on s'assemble :
Mais, objet de leurs cris, ce n'est pas moi qui tremble.
L'instant fatal approche ; et, loin d'en être ému,
Je me sens transporté d'un plaisir inconnu.
Je craignois les délais : ils sont toujours à craindre.
Le feu des factions est facile à s'éteindre ;
Ainsi l'on ne peut trop hâter l'évènement.
Sunnon, puis-je compter sur notre engagement ?

SUNNON.

La foi de mes pareils ne·fut jamais frivole.
Je suis Gaulois, ainsi fidèle à ma parole :
L'honneur est parmi nous le premier de nos dieux.
Mais vous savez quel joug on m'impose en ces lieux,
Et d'un ambassadeur quel est le ministère ;
Que je suis retenu par une loi sévère
Qui me défend d'armer de criminelles mains,
Et d'oser les tremper dans le sang des Romains.
D'ailleurs, de vos projets j'ignore le mystère :
Je crains tout, sans savoir ce qu'il faut que j'espère.
Si vos desseins ne sont aussi justes que grands,
Et si ce n'est pour nous que changer de tyrans,
Si nos traités ne sont fondés sur la justice,
Vous prétendez en vain qu'aucun nœud nous unisse.
Notre unique vertu n'est pas notre valeur :
Nous aimons la justice autant que la candeur.
Quoiqu'enfant de la guerre, allaité sous les tentes,
Le Gaulois n'eut jamais que des mœurs innocentes.
Si vous nous surpassez par votre urbanité,
Nous l'emportons sur vous par notre intégrité.
C'est à tous nos desseins l'honneur seul qui préside,
Et de nos intérêts l'équité qui décide,
Nos dieux, nos souverains, l'autorité des lois,
La gloire, le devoir, notre épée, et nos droits ;
Aussi prompts que vaillants, francs et pleins de noblesse,
Obéissants par choix, et soumis sans bassesse.
Mais Rome cherche moins, dans ses vastes projets,
A faire des amis, qu'à faire des sujets.

Comme nous ne voulons que le simple héritage
Dont les temps et le sort firent notre partage,
Voyez si, du sénat réprimant la fureur,
Vous pouvez des Gaulois être le protecteur.
Peut-être en ce discours, ou trop fier ou trop libre,
Ai-je peu ménagé la majesté du Tibre;
Mais, dès que de mes soins notre sort dépendra,
Je parlerois aux dieux comme à Catilina.

CATILINA.

Je ne condamne point un discours magnanime
Qu'un intérêt sacré doit rendre légitime;
Mais je le blâmerois, Sunnon, si ma vertu
Ne vous inspiroit pas un respect qui m'est dû.
Je ne suis point surpris qu'un ministre soupçonne
De trop d'ambition un projet qui l'étonne,
Et que, loin de vouloir soulager l'univers,
Je prétende, au contraire, appesantir ses fers.
Revenez cependant d'une erreur qui m'offense,
Et qui peut vous séduire à force de prudence.
Je suis chef, il est vrai, d'un parti dangereux;
Mais vous ne devez pas me confondre avec eux.
Souvent, pour s'assurer de leur obéissance,
Il faut laisser régner le crime et la licence.
Le choix des conjurés est un choix hasardeux,
Qui ne veut pas toujours des hommes généreux:
Le projet le plus grand, l'action la plus belle
A quelquefois besoin d'une main criminelle.
Si vous me regardez comme un ambitieux
Que la soif de régner a rendu furieux,

Et qui ne veut user du flambeau de la guerre
Que pour subjuguer Rome et désoler la terre,
Vous vous trompez, Sunnon. Considérez l'état
Du sénat et des lois, du peuple et du soldat;
Trouvez enfin dans Rome un seul trait qui réponde
A son titre pompeux de maîtresse du monde.
Les pirates divers que Pompée a défaits
Cachoient dans leurs rochers cent fois moins de forfaits.
Mais je suis las de voir triompher l'injustice :
Il est temps que mon bras s'arme pour leur supplice ;
Que j'immole à nos lois ce sénat orgueilleux,
Pour rendre l'univers et les Romains heureux.
Voilà, mon cher Sunnon, le seul but où j'aspire,
Non au funeste honneur de conquérir l'empire ;
Et comme j'ai toujours estimé les Gaulois,
Je mourrai, s'il le faut, pour défendre leurs droits.
Mais ne présumez pas que de votre courage
Dans ces murs malheureux je veuille faire usage ;
Les conjurés et moi, quel que soit le danger,
Nous n'avons pas besoin d'un secours étranger :
Au contraire, je veux que, fuyant de la ville,
Au camp de Manlius vous cherchiez un asile.
Mais, avant que la nuit vous éloigne de nous,
Je vais vous expliquer ce que j'attends de vous.
Tout semble me livrer une ville alarmée ;
Mais loin de ses remparts Rome a plus d'une armée.
Que le sénat ici tombe sous mes efforts,
Ce n'est point accabler ce redoutable corps
Qui renaît de lui-même, et qui se multiplie
Dans l'univers entier comme dans l'Italie,

Que je vaincrai souvent sans le rendre soumis,
Et qui me cherchera toujours des ennemis.
Je veux, si les destins me sont peu favorables,
Trouver dans les Gaulois des amis secourables,
Quelque retraite enfin dans un jour malheureux :
De vous, de vos amis, c'est tout ce que je veux.

SUNNON.

Ah ! dès que votre bras s'arme pour la justice,
Il n'est point de Gaulois qui ne vous obéisse :
Je vous réponds de tous.

CATILINA.

Quels seront vos garants ?

SUNNON, lui présentant la main.

Touchez dans cette main ; ce sont là nos serments.
Adieu, Catilina. Quelqu'un vient ; c'est Tullie.

(Il sort.)

SCÈNE III.

CATILINA, seul.

QUE sa triste vertu me pèse et m'humilie !
Fuyons ; n'exposons point tant de fois en un jour
Des cœurs nés pour la gloire aux attraits de l'amour.

SCÈNE IV.

TULLIE, CATILINA.

TULLIE.

ARRÊTEZ un moment ; j'ai deux mots à vous dire.
Cependant, à l'effroi que votre accueil m'inspire,

Je ne sais si je dois m'expliquer avec vous.
Victimes tous les deux d'une amante en courroux,
Si mes cruels soupçons vous ont fait une offense,
N'en accusez que vous et votre fier silence ;
Car vous pouviez d'un mot désabuser mon cœur.
Pourquoi, loin d'éclaircir une funeste erreur,
Me cacher, aux dépens de toute mon estime,
Un témoin dont le nom vous eût absous du crime,
Et que rendoit suspect son amour irrité ?
Vous savez de mes mœurs quelle est l'austérité ; ·
Qu'enchaînée aux devoirs d'une innocente vie
Je n'ai jamais connu que le nom de Fulvie.
Que ne m'épargniez-vous la honte et le remords
D'avoir trop écouté ses coupables transports ?
Falloit-il exposer une ame vertueuse
A servir les fureurs d'une ame impétueuse ?

CATILINA.

Ah ! je n'étois déjà que trop humilié
De voir à vos mépris mon rang sacrifié,
Sans vous faire rougir d'une indigne rivale.

TULLIE.

Dût sa haine aujourd'hui m'être encor plus fatale,
Malgré votre courroux, je veux vous engager
A respecter ses feux, même à la ménager.
D'un pareil ennemi vous n'avez rien à craindre ;
Et son sexe, et son nom, tout m'oblige à la plaindre.
Ainsi, loin d'insulter à son déguisement,
Faisons-la de ces lieux sortir secrètement.
Vous n'avez contre vous de témoin que Fulvie,
Et l'on n'en croira point sa folle jalousie.

Loin de vous présenter l'un et l'autre au sénat,
Évitez pour moi-même un dangereux éclat.
Que vous reviendroit-il d'une foible victoire
Qui, loin de l'embellir, flétriroit votre gloire?
Croyez-moi, méprisez une amante en fureur,
Qui d'ailleurs ne vouloit que vous perdre en mon cœur.

CATILINA.

Lorsqu'on ose attaquer mon honneur et ma vie,
Vous voulez qu'en tremblant je me cache ou je fuie;
Que laissant le champ libre à l'insensé Caton,
Je souffre qu'en public il flétrisse mon nom;
Que j'éloigne Fulvie, afin que votre père,
Sur son absence même au sénat me défère?
Comment! lorsque vous-même, échauffant sa fureur,
Vous me livrez au peuple et me perdez d'honneur,
Que sur de faux rapports déjà l'on délibère,
Que contre moi Caton éclate sans mystère;
Vous voulez que, témoin de leur emportement,
J'attende du sénat quelque ménagement;
Que le consul, enfin, touché de mon absence,
Ou ne m'accuse point. ou prenne ma défense?
Ah! ne présumez pas que leur mauvaise foi
Puisse m'en imposer et triompher de moi.
Dès ce jour même il faut que je me justifie.

TULLIE.

Pourriez-vous de ma part craindre une perfidie?

CATILINA.

Non; mais on a trompé votre crédule amour,
Afin que vous pussiez me tromper à mon tour.

La plus légère peur corrompt les cœurs timides,
Et des plus vertueux fait souvent des perfides.

TULLIE.

Du moins en ma présence épargnez Cicéron.

CATILINA.

Ah ! s'il écoutoit moins le dangereux Caton
Et les fantômes vains d'une peur chimérique,
Vous et moi nous eussions sauvé la république.

TULLIE.

Il en est temps encor, cruel; écoutez-moi :
N'allez point au sénat; fiez-vous à ma foi.
Sur de vaines rumeurs votre fierté s'abuse :
Songez que c'est moi seule ici qui vous accuse;
Que je puis d'un seul mot rassurer les esprits,
Et dissiper l'erreur qui les avoit surpris.
Si de nos premiers feux vous perdez la mémoire,
Songez du moins, seigneur, qu'il y va de ma gloire.
Quoi ! vous pouvez m'aimer, et me sacrifier
A l'orgueilleux honneur de vous justifier !
L'amour vous justifie et reprend son empire :
Quand mon cœur vous absout, mon cœur doit vous suffire.
Le sénat contre vous n'a rien fait publier.
Ah ! laissez-moi l'honneur de vous concilier;
Laissez-moi réunir mon amant et mon père.
Hélas ! étoit-ce à moi d'en parler la première ?
L'amour n'offre donc plus à vos tendres souhaits
Aucun bien qui vous puisse engager à la paix ?
Vous êtes des Romains la plus noble espérance;
Daignez contre vous-même embrasser leur défense.

D quōï voüs plaignez-vous, quand c'est vous seul, ingrat,
Qui voulez aujourd'hui convoquer le sénat?
Si vous vous obstinez encore à vous défendre,
Le consul à son tour voudra s'y faire entendre;
Et bientôt vos amis, ardents et furieux,
De carnage et d'horreur vont remplir tous ces lieux.
Voulez-vous mettre en feu la ville infortunée
Que votre amante habite, où votre amante est née?
Laissez-moi désarmer vos redoutables mains;
Accordez à mes pleurs la grace des Romains;
Et qu'il soit dit du moins de l'heureuse Tullie
Que le dieu de son cœur fut dieu de sa patrie.

CATILINA.

Ah! madame, cessez de vouloir m'abuser :
J'aimerois mieux vous voir, constante à m'accuser,
Armer contre ma vie un sénat qui m'abhorre.
Quoi! c'est moi qu'on veut perdre, et c'est moi qu'on implore!
Que dis-je? c'est à moi que Tullie a recours
Pour sauver les cruels qui poursuivent mes jours!
C'est pour eux, non pour moi, qu'elle verse des larmes !
Et, loin de m'arracher à leurs perfides armes,
Je la vois avec eux conspirer à l'envi!
Rendez-moi donc l'honneur que vous m'avez ravi,
Si vous ne voulez pas que j'aille le défendre.
Mais en vain par vos pleurs on cherche à me surprendre.
Eh! sur quoi votre amour prétend-il m'émouvoir ?
A-t-il dans votre cœur triomphé du devoir ?
Quoi ! sur le seul rapport d'un témoin méprisable,
Sans rien examiner, vous me croyez coupable !

Et, sans en exiger d'autre éclaircissement,
Votre austère vertu sacrifie un amant !
Cet exemple est si grand, qu'il faut que je l'imite.
Plus vous m'attendrissez, plus mon honneur m'invite
A m'immoler moi-même à ce que je me dois.

TULLIE.

Hé bien ! cruel, adieu pour la dernière fois.

CATILINA, seul.

Que je me sens touché ! que mon ame est émue !
Ah ! que n'ai-je évité cette fatale vue !

SCÈNE V.

CATILINA, PROBUS.

CATILINA.

MAIS j'aperçois Probus.

PROBUS.

Je viens vous avertir
Que dès ce même instant, seigneur, il faut partir :
Tout s'arme contre vous, et le sénat s'assemble.

CATILINA.

Qu'aurois-je à redouter d'un ennemi qui tremble ?
Je veux, à commencer par le plus fier de tous,
Les voir dans un moment tomber à mes genoux ;
Et je vais les trouver.

PROBUS.

Quoi ! seul et sans défense ?

CATILINA.

Aucun d'eux n'osera soutenir ma présence ;
Ainsi ne craignez rien.

PROBUS.

                    Seigneur, y pensez-vous ?
Songez que Romulus expira sous leurs coups.
Je ne condamne point une noble assurance ;
Mais on n'en doit pas moins consulter la prudence.
Plus le sénat vous craint, plus il faut du sénat
Craindre contre vos jours un secret attentat.

CATILINA.

Non, Probus ; et je brave un péril qui vous glace,
Le succès fut toujours un enfant de l'audace.
L'homme prudent voit trop, l'illusion le suit ;
L'intrépide voit mieux, et le fantôme fuit :
L'instant le plus terrible éclaire son courage,
Et le plus téméraire est alors le plus sage.
L'imprudence n'est pas dans la témérité ;
Elle est dans un projet faux et mal concerté :
Mais, s'il est bien suivi, c'est un trait de prudence
Que d'aller quelquefois jusques à l'insolence ;
Et je sais, pour domter les plus impérieux,
Qu'il faut souvent moins d'art que de mépris pour eux.
Adieu. Dans un moment ils me verront paroître
En criminel qui vient leur annoncer un maître.

FIN DU TROISIÈME ACTE.

ACTE QUATRIÈME.

SCÈNE I.

CICÉRON, CRASSUS, CATON, et le
reste des sénateurs.

CICÉRON.

Arbitres souverains de Rome et de ses lois,
Qui parmi vos sujets comptez les plus grands rois,
Je ne viens point ici, jaloux de votre gloire,
Briguer avec éclat le prix d'une victoire :
Le sort, à mes pareils prodiguant ses faveurs,
Me réservoit le soin d'annoncer des malheurs.
De mon amour pour vous tel est le premier gage,
Et de mon consulat le funeste partage.
Tandis qu'enorgueillis par tant d'heureux travaux
Vous pouviez méditer des triomphes nouveaux,
De la terre et des mers vous promettre l'empire,
Un seul homme à vos yeux travaille à vous proscrire.
Pourrai-je sans frémir nommer Catilina,
L'héritier des fureurs du barbare Sylla ;
Lui que la cruauté, l'orgueil et l'insolence
N'ont que trop parmi nous signalé dès l'enfance ;

Lui qui, toujours coupable et toujours impuni,
Veut ce que n'eût osé l'univers réuni,
Subjuguer les Romains ? O vous que Rome adore,
Et qui par vos vertus la souteniez encore ;
Vous, l'appui du sénat et l'exemple à-la-fois,
Incorruptible ami de l'état et des lois,
Parlez, divin Caton.

CATON.

Eh ! que pourrois-je dire
En des lieux où l'honneur ne tient plus son empire ;
Où l'intérêt, l'orgueil, commandent tour à tour ;
Où la vertu n'a plus qu'un timide séjour ;
Où de tant de héros je vois flétrir la gloire ?
Et comment l'univers pourra-t-il jamais croire
Que Rome eut un sénat et des législateurs,
Quand les Romains n'ont plus ni lois ni sénateurs ?
Où retrouver enfin les traces de nos pères
Dans des cœurs corrompus par des mœurs étrangères ?
Moi-même, qui l'ai vu briller de tant d'éclat,
Puis-je me croire encore au milieu du sénat ?
Ah ! de vos premiers temps rappelez la mémoire.
Mais ce n'est plus pour vous qu'une frivole histoire :
Vous imitez si mal vos illustres aïeux,
Que leurs noms sont pour vous des noms injurieux.
Mais de quoi se plaint-on ? Catilina conspire !
Est-il si criminel d'aspirer à l'empire,
Dès que vous renoncez vous-mêmes à régner ?
Un trône, quel qu'il soit, n'est point à dédaigner.
Non, non, Catilina n'est pas le plus coupable.
Voyez de votre état la chute épouvantable,

Ce que fut le sénat, ce qu'il est aujourd'hu
Et le profond mépris qu'il inspire pour lui.
Scipion, qui des dieux fut le plus digne ouvrage;
Scipion, ce vainqueur du héros de Carthage;
Scipion, des mortels qui fut le plus chéri,
Par un vil délateur se vit presque flétri.
Alors la liberté ne savoit pas dans Rome
Du simple citoyen distinguer le grand homme;
Malgré tous ses exploits, le vainqueur d'Annibal
Se soumit en tremblant à votre tribunal.
Sylla vient, qui remplit Rome de funérailles,
Du sang des sénateurs inonde nos murailles :
Il fait plus; ce tyran, las de régner, enfin
Abdique insolemment le pouvoir souverain,
Comme un bon citoyen meurt heureux et tranquille,
En bravant le courroux d'un sénat imbécile
Qui, charmé d'hériter de son autorité,
Éleva jusqu'au ciel sa générosité,
Et nomma sans rougir père de la patrie
Celui qui l'égorgeoit chaque jour de sa vie.
Si vous eussiez puni le barbare Sylla,
Vous ne trembleriez point devant Catilina :
Par-là vous étouffiez ce monstre en sa naissance,
Ce monstre qui n'est né que de votre indolence.

CRASSUS.

N'est-ce qu'en affectant de blâmer le sénat,
Que Caton de son nom croit rehausser l'éclat?
Mais il devroit savoir que l'homme vraiment sage
Ne se pare jamais de vertus hors d'usage.

Qu'aurions-nous à rougir des temps de nos aïeux ?
Si ces temps sont changés, il faut changer comme eux,
Et conformer nos mœurs à l'esprit de notre âge.
Et qu'a donc perdu Rome à n'être plus sauvage ?
Rome est ce qu'elle fut : ses changements divers
Ont-ils de notre empire affranchi l'univers ?
Non ; car ce fier Sylla, d'odieuse mémoire,
Même en l'asservissant, combla Rome de gloire.
Mais c'est trop s'occuper de reproches honteux,
Importunes leçons d'un censeur orgueilleux
Qui se trompe toujours au zèle qui l'enflamme.
Que Caton à son gré nous méprise et nous blâme.
N'aurions-nous désormais d'oracles que Caton,
Et les saintes frayeurs qui troublent Cicéron ?
Où sont vos ennemis ? quel péril vous menace ?
Un simple citoyen vous alarme et vous glace !
A percer ses complots j'applique en vain mes soins ;
Je vois plus de soupçons ici que de témoins.
On diroit, à vous voir assemblés en tumulte,
Que Rome des Gaulois craigne encore une insulte,
Et qu'un autre Annibal va marcher sur leurs pas.
Où sont des conjurés les chefs et les soldats ?
Les fureurs de Caton et son impatience
Dans le sein du sénat semant la défiance,
On accuse à-la-fois Cépion, Lentulus,
Dolabella, César, et moi-même Crassus.
Voyez de vos conseils jusqu'où va l'imprudence :
On craint Catilina, cependant on l'offense ;
Mais, plus vous le craignez, plus il faut ménager
Un homme et des amis qui pourroient le venger.

5.

Et quel est, dites-moi, le témoin qui l'accuse ?
Une femme jalouse, et que l'amour abuse ;
Qui, sur les vains soupçons d'une infidélité,
Veut surprendre à son tour votre crédulité ;
Qui, sans pudeur livrée à l'ardeur qui l'entraîne,
Invente des complots pour flatter votre haine.
Si je plains l'accusé, c'est parcequ'on le hait :
Voilà le seul témoin qui prouve son forfait ;
Car la haine a souvent fait plus de faux coupables,
Qu'un penchant malheureux n'en fait de véritables.
Je dis plus ; et quand même il seroit criminel,
Faut-il, comme Caton, être toujours cruel ?
Dans son sang le plus pur voulez-vous noyer Rome ?
Songez qu'un seul remords peut vous rendre un grand homme.
La rigueur n'a jamais produit le repentir :
Ce n'est qu'en pardonnant qu'on nous le fait sentir.
Rome n'est plus au temps qu'elle pouvoit sans craindre
Immoler à la loi quiconque osoit l'enfreindre.
D'ailleurs, il est toujours imprudent de sévir,
A moins qu'en sûreté l'on ne puisse punir.
De quatre légions qui campoient vers Préneste,
Celle de Manlius est la seule qui reste.
Quand le sénat devroit punir Catilina,
Êtes-vous assurés que quelqu'un l'osera ?
S'il échappe à vos coups, redoutez sa vengeance,
Et des amis tout prêts d'embrasser sa défense.
A des projets nouveaux n'allez pas l'inviter
Par d'impuissants décrets qu'il sauroit éviter.
Pour l'intérêt public il faut qu'on lui pardonne,
Et qu'à son repentir le sénat l'abandonne.

CATON.

Si l'intérêt public décide de son sort,
Consul, qu'à l'instant même on lui donne la mort.

SCÈNE II.

CATILINA, et les acteurs de la scène précédente.

(Catilina entre brusquement par le milieu du sénat, qui
se lève à son aspect. Un moment après, chacun reprend
sa place.)

CATILINA.

LA mort ! A ce décret je crois me reconnoître.

CATON.

Tu le devrois du moins, puisqu'il regarde un traître.

CATILINA.

Je ne sais qui des deux, dans ce commun effroi,
Rome doit le plus craindre, ou de vous, ou de moi :
Je la sauve ; et Caton la perd par un faux zèle.

CICÉRON.

Téméraire ! au sénat quel ordre vous appelle ?

CATILINA.

Et qui m'empêcheroit, seigneur, de m'y montrer ?
Sont-ce les ennemis que j'y puis rencontrer ?
Je n'en redoute aucun, ni Caton, ni vous-même.

CICÉRON.

Quoi ! vous joignez encore à cette audace extrême
Celle d'oser paroître en armes dans ces lieux !

CATILINA.

Que mes armes, consul, ne blessent point vos yeux.

Mais, sur ce nouveau crime avant que de répondre,
Souffrez sur d'autres points que j'ose vous confondre.
Auriez-vous oublié que je vous l'ai promis ?
Quoiqu'à votre pouvoir vous ayez tout soumis,
J'espère cependant qu'on daignera m'entendre ;
Et c'est en citoyen que je vais me défendre.
J'abdique pour jamais le rang de sénateur.
Pardonnez, Cépion, Crassus, et vous, préteur ;
Antoine, à votre tour souffrez que je vous nomme
Parmi les ennemis du sénat et de Rome.
César ne paroît point, mais je vois Céthégus.
Il ne nous manque plus ici qu'un Spartacus ;
Car entre nous et lui, grace à son imprudence,
Le vertueux Caton met peu de différence.
Eh bien ! pères conscrits, êtes-vous rassurés ?
Vous voyez d'un coup-d'œil l'état des conjurés,
Leurs chefs et leurs soldats, cette nombreuse armée
Dont Rome en ce moment est si fort alarmée,
Ces périls enfantés par les folles erreurs
D'un témoin dont Tullie adopte les fureurs.
C'est sur ce seul témoin qu'une beauté si chère
Me croit dans le dessein d'assassiner son père,
D'égorger le sénat : et vous le croyez tous !
Malheureux que je suis d'être né parmi vous !
Sylla vous méprisoit, et moi je vous déteste.
De nos premiers tyrans vous n'êtes qu'un vil reste.
Juges sans équité, magistrats sans pudeur,
Qui de vous commander voudroit se faire honneur ?
Et vous me soupçonnez d'aspirer à l'empire,
Inhumains, acharnés sur tout ce qui respire,

Qui depuis si long-temps tourmentez l'univers !
Je hais trop les tyrans, pour vous donner des fers.

CATON.

A quoi te serviroit cette troupe cruelle
Que ton palais impur et vomit et recèle ;
Qui, le jour et la nuit semant partout l'effroi,
Ministres odieux de tes fureurs....

CATILINA.

Tais-toi.
Il est vrai qu'autrefois, plus jeune et plus sensible,
(Vous l'avez ignoré ce projet si terrible,
Vous l'ignorez encor,) je formai le dessein
De vous plonger à tous un poignard dans le sein.
L'objet qui vous dérobe à ma juste colère
Ne parloit point alors en faveur de son père ;
Mais un autre penchant plus digne d'un Romain
M'arracha tout-à-coup le glaive de la main :
Je sentis, malgré moi, l'amour de la patrie
S'armer pour des cruels indignes de la vie.
Aujourd'hui, que tout doit rassurer les esprits,
Une femme en fureur les trouble par ses cris ;
A ses transports jaloux tout s'alarme, tout tremble :
Et c'est pour les servir que le sénat s'assemble !
C'est sur ses vains rapports qu'un homme impétueux
Veut perdre ce que Rome eut de plus vertueux !
Orgueilleux citoyen, dont l'austère sagesse
Est moins principe en lui qu'un fruit de sa rudesse ;
Tyran républicain, qui malgré sa vertu
Est le plus dangereux que Rome ait jamais eu :

Par lui seul, d'entre nous la concorde est bannie ;
C'est lui qui, du sénat détruisant l'harmonie,
Fomente la chaleur de nos divisions,
Et nous force d'avoir recours aux factions.
Mais il veut gouverner. Hé bien ! qu'il vous gouverne ;
Qu'il triomphe à son gré d'un sénat subalterne
Qui, lâche déserteur de son autorité,
N'en a plus que l'orgueil pour toute dignité.
Et quel est aujourd'hui l'ordre de vos comices ?
Le tumulte et l'effroi n'en sont que les prémices.
De chaque élection le meurtre est le signal ;
Vos préteurs égorgés au pied du tribunal ;
Un consul tout sanglant, mais trop juste victime
D'un peuple malheureux qu'à son tour il opprime ;
Tous vos choix sont souillés par des assassinats.
Ainsi furent nommés vos derniers magistrats ;
C'est ainsi qu'on élit, ou que l'on fait exclure,
Et qu'on osa me faire une mortelle injure.
Le plébéien s'élève, et le patricien
Se donne sans rougir un père plébéien ;
Et pour l'adoption où l'intérêt l'entraîne
Vous laissez profaner la majesté romaine.
Le voilà ce sénat, le protecteur des lois,
Dont l'exemple auroit dû diriger tous les rois ;
Le voilà ce sénat qui fait trembler la terre,
Et qui dispute aux dieux le dépôt du tonnerre.
La justice, autrefois votre divinité,
Ne règne plus ici que pour l'impunité.
La décence, les lois, la liberté publique,
Tout est mort sous le joug d'un pouvoir tyrannique.

Caton est devenu notre législateur,
L'idole des Romains.......

CICÉRON.

Et vous le destructeur,
Traître ! Si le sénat vous eût rendu justice,
Vos jours n'auroient été qu'un éternel supplice;
Mais si je puis encor faire entendre ma voix,
Vous ne braverez plus la foiblesse des lois.

CATILINA.

Eh bien ! pour achever de confondre un coupable,
Qu'on offre à mes regards ce témoin redoutable,
De vos soins pénétrants monument précieux,
Cet esclave qui peut me convaincre à vos yeux.
D'où vient qu'en ce moment vous me cachez Fulvie ?
Manlius auroit-il disposé de sa vie ?
Car elle fut toujours l'ame de ses secrets.

CICÉRON.

Laissons là Manlius ; parlons de vos projets.
On ne connoît que trop vos lâches artifices.
Tremblez, séditieux, pour vous, pour vos complices;
Vous êtes convaincu ; le crime est avéré;
Déjà sur votre sort on a délibéré :
Vos forfaits n'ont que trop lassé notre indulgence.

CATILINA.

Je vais de ce discours réprimer l'insolence.
Vous pensez, je le vois, que, tremblant pour mes jours,
A des subtilités je veuille avoir recours.
Et qu'ai-je à redouter de votre jalousie ?
Ainsi ne croyez pas que je me justifie.

Imprudents ! savez-vous, si j'élevois la voix,
Que je vous ferois tous égorger à-la-fois ?
Instruit de votre haine et de mon innocence,
Tout le peuple à grands cris m'excite à la vengeance ;
Mais je n'imite pas les fureurs de Caton,
Et je laisse la peur au sein de Cicéron.
Je n'aurois, pour punir votre coupable audace,
Qu'à vous abandonner au coup qui vous menace.
Sans m'armer contre vous d'un secours étranger,
Me taire encore un jour suffit pour me venger.
Et vous me condamnez, insensés que vous êtes,
Moi qui retiens le fer suspendu sur vos têtes ;
Moi qui, sans me charger d'un projet odieux,
N'ai qu'à laisser agir Manlius et les dieux ;
Moi qui, pouvant me mettre à couvert de l'orage,
M'expose pour sauver un consul qui m'outrage !

(montrant Cicéron.)

J'ai causé par malheur votre premier effroi,
Et dans tous les complots vous ne voyez que moi :
Il en est cependant dont vous devez tout craindre.
Que vous êtes aveugle ! et que Rome est à plaindre !
Laissons là Manlius. Consul peu vigilant,
Tandis que Rome touche à son dernier instant,
Qu'au plus affreux danger le sénat est en proie,
Qu'on va faire de Rome une seconde Troie ;
Lorsque vous ne songez qu'à me faire périr,
Ingrats, sur vos malheurs je me sens attendrir.
Je sens en ce moment l'amour de la patrie
Reprendre dans mon cœur une nouvelle vie ;

Et votre aveuglement me fait trop de pitié,
Pour vous sacrifier à mon inimitié.

CICÉRON.

Hé bien ! rompez, seigneur, un si cruel silence ;
Punissez en Romain l'ingrat qui vous offense.
En faveur de vous-même osez tout oublier,
Et sauvez le sénat pour nous humilier.

CATILINA.

Je n'ai point attendu l'instant du sacrifice
Pour servir ce sénat qui m'envoie au supplice ;
Depuis huit jours entiers j'assemble mes amis.
Les voilà ces complots que je me suis permis.
Mais, malgré tous les soins d'une ame généreuse,
Ils m'ont fait soupçonner d'une trame honteuse.
Armez sans différer, prévenez l'attentat,
Si vous voulez sauver la ville et le sénat.
Celui qui hors des murs commande vos cohortes,
Manlius, dès ce soir doit attaquer vos portes.

CICÉRON.

Manlius !

CATILINA.

Oui, consul : craignez qu'avant la nuit
Aux dépens de vos jours on n'en soit trop instruit.
Je vous ai déclaré le chef de l'entreprise ;
Veillez, ou de sa part craignez quelque surprise.
Je n'ai pu découvrir le reste du parti.
C'est à vous d'y penser ; vous êtes averti.
Manlius vous trahit : c'étoit pour vous défendre
Qu'en armes dans ces lieux j'étois venu me rendre,

Crébillon. 3.   6

Et non pour vous punir de m'avoir outragé :
En combattant pour vous, je suis assez vengé.
Vous pouvez désormais ou douter, ou me croire :
J'ai rempli mon devoir et satisfait ma gloire.
Mes amis sont tout prêts ; vous pouvez les armer :
Leur qualité n'a rien qui vous doive alarmer ;
Vous les connoissez tous. Songez au Capitole ;
Garnissez l'Aventin, les portes de Pouzzole ;
Il faut garder surtout le pont Sublicien,
Le quartier de Caton, et veiller sur le mien :
Car le plus grand effort de ce complot funeste
Éclatera sans doute aux portes de Préneste ,
Et mon palais y touche : on peut s'y soutenir ;
Du moins un long combat pourra s'y maintenir.
Vous paroissez émus, et rougissez peut-être
D'avoir pu si long-temps me voir sans me connoître.
Après tant de mépris, après tant de refus ,
Tant d'affronts si sanglants dont vous êtes confus,
Aurois-je triomphé de votre défiance ?
Non, j'en ai fait souvent la triste expérience,
On ne guérit jamais d'un violent soupçon :
L'erreur qui le fit naître en nourrit le poison ;
Et dans tout intérêt la vertu la plus pure
Peut être quelquefois suspecte d'imposture.
Mais, pour calmer les cœurs, je sais un sûr moyen
Qui vous convaincra tous que je suis citoyen.
On connoît Cicéron, et sa vertu sublime
A su dans tous les temps lui gagner votre estime.
Il en est digne aussi par sa fidélité.
Caton vous est connu par sa sévérité.

Cicéron ou Caton, l'un des deux, ne m'importe,
Je vais dès ce moment, sans amis, sans escorte,
Me mettre en leur pouvoir : choisissez l'un des deux,
Ou le plus défiant, ou le plus rigoureux :
Je veux que de mon sort on le laisse le maître,
Qu'il me traite en héros, ou me punisse en traître :
Souffrez que sans tarder je remette en ses mains
Un homme, la terreur ou l'espoir des Romains.

CATON.

Catilina, je crois que tu n'es point coupable :
Mais si tu l'es, tu n'es qu'un homme détestable;
Car je ne vois en toi que l'esprit et l'éclat
Du plus grand des mortels, ou du plus scélérat.

CICÉRON.

Catilina, daignez reprendre votre place :
De vos soins par ma voix le sénat vous rend grace.
Vous êtes généreux; devenez aujourd'hui,
Ainsi que notre espoir, notre plus ferme appui.
Nos injustes soupçons n'ont plus besoin d'otage :
D'un homme tel que vous la gloire est le seul gage.
Vous, sénateurs, veillez à notre sûreté.
Il s'agit du sénat et de la liberté :
Courons sans différer où l'honneur nous appelle.
Adieu, Catilina : j'attends de votre zèle
Tous les secours qu'on doit attendre d'un grand cœur.
Rome a besoin de vous et de votre valeur :
Combattez seulement, ma crainte est dissipée.

CATILINA, à part, regardant sortir Cicéron.

Va, ma valeur bientôt sera mieux occupée :

Elle n'aspire plus qu'à te percer le sein.

SCÈNE III.

CATILINA, CÉTHÉGUS.

CÉTHÉGUS.

CATILINA, dis-moi, quel est donc ton dessein?
D'où naît ce désespoir? éclaircis ma surprise.
Après avoir formé la plus haute entreprise,
Toi-même tu détruis de si nobles projets !
Tu trahis Manlius, tes amis, tes secrets !

CATILINA.

Arrête, Céthégus : tu me prends pour Tullie.
Tes doutes ont blessé l'amitié qui nous lie :
Qu'entre nous désormais ils soient plus mesurés.
Mais, avant tout, dis-moi l'état des conjurés,
Et s'il en est quelqu'un qui tremble ou qui balance.

CÉTHÉGUS.

Aucun d'eux : nous pouvons agir en assurance.
Autour du vase affreux par moi-même rempli
Du sang de Nonius avec soin recueilli,
Au fond de ton palais j'ai rassemblé leur troupe.
Tous se sont abreuvés de cette horrible coupe ;
Et, se liant à toi par des serments divers,
Sembloient dans leurs transports défier les enfers.
De joie et de frayeur mon ame s'est émue.
César, le seul César s'est soustrait à leur vue.

CATILINA.

César n'a pas besoin de serments avec moi,
Et son ambition me répond de sa foi.

Pour toi, que de ma part rien ne devroit surprendre,
Qui sur un regard seul aurois dû mieux m'entendre,
Apprends que Manlius vouloit nous perdre tous,
Et qu'un moment plus tard c'en étoit fait de nous.
Manlius autrefois soupira pour Fulvie;
Corrompu par ses pleurs ou par sa jalousie,
Le perfide couroit nous vendre à Cicéron :
Mais, d'un dessein si lâche informé par Céson,
Un instant m'a suffi pour prévenir le crime.
Ma main fumoit encor du sang de la victime
Quand tu m'as vu paroître au milieu du sénat,
Qui pourra, s'il apprend ce nouvel attentat,
Croire qu'en sa faveur je l'ai commis peut-être,
Et que pour le gagner je l'ai défait d'un traître.
Au reste, ne crains rien des frivoles récits
Dont je viens d'effrayer de timides esprits,
Qu'il falloit exciter par de feintes alarmes,
Si je veux les forcer de recourir aux armes,
Ne pouvant sans nous perdre armer un seul guerrier,
Si le sénat tremblant n'eût armé le premier.
Quel triomphe pour moi, dans ce péril extrême,
De le voir pour ma gloire armé contre lui-même!
Des postes différents, faussement indiqués,
Qui selon mon rapport pourroient être attaqués,
Aucun ne me convient; mais il faut par la ruse
Disperser les soldats d'un sénat qu'elle abuse.
Prends garde cependant qu'à des signes certains
On puisse distinguer nos soldats des Romains.
Le palais de Sylla, notre plus fort asile,
Pourra seul plus d'un jour tenir contre la ville.

6.

Céson, de Manlius devenu successeur,
Avec sa légion doit servir ma fureur.
Je ne crains que Rufus, préfet de six cohortes
Pleines de vétérans qui défendent les portes.
Rufus n'a de soutien ni d'ami que Caton,
Et je n'ai convaincu ni lui ni Cicéron.
Si Rufus, dont je crains le courage et l'adresse,
Pénètre les complots où Céson s'intéresse,
Rufus tentera tout, la force ou les bienfaits,
Pour regagner Céson, ou rompre ses projets :
C'est l'unique moyen de tromper notre attente.
Mais ce péril nouveau n'a rien qui m'épouvante :
Les dangers que pour moi j'ai laissés entrevoir,
Malgré tant d'ennemis, me flattent de l'espoir
Qu'en des pièges nouveaux je pourrai les surprendre.
Soit pour s'en emparer, ou soit pour le défendre,
Autour de mon palais ils vont tous accourir :
Que ce soit pour ma perte ou pour me secourir,
Nos premiers sénateurs viendront le reconnoître;
Cicéron et Caton s'y trouveront peut-être.
Que ce moment me tarde ! et qu'il me seroit doux
De pouvoir d'un seul coup les sacrifier tous !
Adieu, cher Céthégus ; je vais revoir Tullie.

CÉTHÉGUS.

C'est elle qui nous perd.

CATILINA.

             Crois-tu que je l'oublie?
Je veux, pour l'en punir, employer à mon tour
Aux plus noirs attentats ses soins et son amour.

Va, ce n'est point à moi, dès qu'il s'agit d'offense,
Que l'on doive donner des leçons de vengeance;
De ce soin sur mon cœur tu peux te reposer:
C'est aujourd'hui qu'il faut tout perdre et tout oser.
Je vais solliciter la défense des portes,
Et l'ordre d'y placer de nouvelles cohortes,
Sur le prétexte vain de quelque affreux projet
Dont je puis avoir seul pénétré le secret.
Ce n'est pas tout; je veux par Tullie elle-même
M'assurer cet emploi, s'il est vrai qu'elle m'aime.
Sur ce fatal décret je vais la prévenir;
C'est de son amour seul que je veux l'obtenir.
Dans trois heures au plus le jour va disparoître:
Des postes d'alentour il faut te rendre maître.
Probus ne m'a fait voir qu'un esprit chancelant;
Prévenons les retours d'un conjuré tremblant;
Et de la même main songe à punir Fulvie
De ses forfaits nouveaux et de sa perfidie.
Plus de ménagements, de pitié ni d'égards:
Le feu, le fer, le sang, voilà mes étendards.

FIN DU QUATRIÈME ACTE.

ACTE CINQUIÈME.

SCÈNE I.

CICÉRON., seul.

CATON ne paroît point; et la nuit qui s'avance
Accroît à chaque instant l'horreur qui la devance.
Pétréius, invité de hâter son retour,
Ne peut plus arriver avant la fin du jour ;
Et ce jour malheureux étoit le seul peut-être
Qui pouvoit me flatter de triompher d'un traître.
Plus sur son innocence il a cru m'abuser,
Plus mon cœur défiant s'obstine à l'accuser.
Je sais qu'à Manlius il vient d'ôter la vie;
C'est pour mieux m'éblouir qu'il nous le sacrifie.
Trop heureux si je puis à mon tour lui cacher
Le péril du décret qu'il vient de m'arracher !
Mais nous sommes perdus si jamais il devine
Qu'en secret par Céson je trame sa ruine :
Des pièges qu'on lui tend habile à se venger,
Il en feroit sur moi retomber le danger.
Rufus m'assure en vain d'une longue défense;
Céson est désormais mon unique espérance.
Quelle honte pour vous, indomtables Romains,
De n'avoir pour appui que de si foibles mains !

O toi qu'en ses malheurs Rome toujours implore,
Et que sans te nommer en secret elle adore ;
Toi qui devois un jour, couronnant ses exploits,
Soumettre à son pouvoir les peuples et les rois,
Daigne aujourd'hui, du moins, favorable Génie,
La sauver de l'opprobre et de la tyrannie !...
Caton ne revient point ! je crains que son ardeur,
Plus loin que je ne veux, n'entraîne son grand cœur.

SCÈNE II.

CICÉRON, CATON.

CICÉRON.

MAIS je le vois, c'est lui. Quoi ! vous êtes en armes !
Venez-vous redoubler ou calmer nos alarmes ?

CATON.

Je voudrois vainement, dans ce désordre affreux,
Vous promettre, consul, quelque succès heureux.
Le destin du sénat est d'autant plus terrible,
Que la main qui nous frappe est encore invisible.
Victorieux, vaincu, j'ai combattu long-temps
Sans pouvoir reconnoître un seul des combattants.
Nos soldats étonnés, peu touchés de leur gloire,
N'ont plus ce noble orgueil, garant de la victoire ;
J'ai vu, non sans frémir, nos premiers vétérans
Muets, intimidés, abandonner les rangs.
La nuit achèvera bientôt de tout confondre ;
Et Rufus de Céson n'ose plus me répondre.

Si Pétréius enfin ne vient nous secourir,
Il ne nous restera que l'honneur de mourir.
Mais si nous en croyons les lenteurs de Pompée,
Notre attente sur lui sera toujours trompée :
Son lieutenant, nourri dans cet abus fatal,
N'imitera que trop ce tiède général.
Cependant il est temps que Pétréius arrive :
La chaleur du combat ne peut être plus vive.
Le fier Catilina, revêtu d'un emploi
Dont vous avez voulu le charger malgré moi
Sur le frivole espoir de pouvoir le surprendre
Dans les pièges nouveaux que vous croyez lui tendre,
L'adroit Catilina vous aura pénétré.
Aux portes de Préneste il ne s'est point montré :
L'intrépide Rufus, qui s'en est rendu maître,
A ce poste du moins ne l'a point vu paroître ;
Et je crains qu'il ne soit au palais de Sylla,
Car j'en ai vu sortir Célius et Sura.
Pomponius, suivi d'une troupe fidèle,
L'investit, et pour vous rien n'égale son zèle :
Il a fait mettre aux fers, sur l'avis de Céson,
Plusieurs séditieux, les Gaulois et Sunnon.
Soit haine, soit mépris, dessein ou négligence,
L'indifférent Crassus garde un honteux silence.
César se tait aussi : quel qu'en soit le sujet,
Rien n'est si dangereux que César qui se tait :
Cependant son palais, dans une paix profonde,
Est, selon sa coutume, ouvert à tout le monde.
La moitié du sénat défend le champ de Mars,
Où le peuple en fureur accourt de toutes parts.

Rome enfin n'offre plus que l'effroyable image
D'un champ couvert de morts et souillé de carnage.
Mais ce qui me surprend, c'est que Pomponius
M'a dit qu'en aucun lieu l'on n'a vu Manlius.

CICÉRON.

Manlius ne vit plus.

CATON.

Dieux ! quel bonheur extrême !
Qui l'a donc immolé ?

CICÉRON.

Catilina lui-même.

CATON.

Consul, vous m'alarmez ; et je crains que Céson
N'abuse comme vous d'un injuste soupçon.
Gardons-nous d'attaquer un homme impénétrable,
Qu'il faut craindre encor plus innocent que coupable.

CICÉRON.

Caton, écoutez moins cette rare candeur.
Eh ! qui de tant de maux pourroit être l'auteur ?
Qui, hors Catilina, peut vouloir nous détruire ?
A de fausses lueurs vous laissez-vous séduire ?
Que Manlius soit mort, qu'il l'ait sacrifié,
C'est prouver seulement qu'il s'en est défié.
Je ne vois dans ce coup que le meurtre d'un traître
Qu'un autre a prévenu dans la crainte de l'être.
Plût aux dieux que, moins lent à punir ses forfaits,
Du chef des conjurés Céson nous eût défaits !
Si de quelque succès son audace est suivie,
Ses cruautés n'auront de bornes que sa vie.

Des infâmes complots formés par Céthégus
Ne voudriez-vous pas excepter Lentulus ?
Bientôt jusque sur vous leur fureur va s'étendre,
Mais c'est trop s'arrêter.

CATON.

Consul, daignez attendre ;
Je ne souffrirai point qu'abandonnant ces lieux
Vous osiez exposer des jours si précieux :
C'est votre ami, c'est moi qui vous en sollicite.
De chevaliers romains une troupe d'élite
Par mon ordre bientôt va se rejoindre à nous ;
Permettez qu'avec eux je combatte pour vous.

SCÈNE III.

CICÉRON; CATON, LUCIUS.

CATON.

MAIS je vois Lucius; que vient-il nous apprendre ?

LUCIUS.

Qu'à l'instant près de vous Pétréius va se rendre :
J'entends déjà son nom voler de toutes parts,
Et déjà ses soldats ont bordé les remparts.
Sans le secours heureux que le ciel nous envoie,
Aux plus cruelles mains Rome alloit être en proie.
Nous avons vu trois fois le fier Catilina
S'élancer en fureur du palais de Sylla ,
Renverser, foudroyer nos plus fermes cohortes ;
Trois fois, mais vainement, il a tenté les portes,
Je l'ai vu presque seul se mêler parmi nous;
J'ai vu Céson lui-même expirer sous ses coups.

De qui l'ose attaquer la ruine est certaine,
Et Rufus contre lui ne se soutient qu'à peine.
Seigneur, il m'a chargé de vous en avertir.

CATON.

Je vois nos chevaliers : il est temps de partir.

SCÈNE IV.

CICÉRON, CATON, TULLIE.

TULLIE.

SEIGNEUR, où courez-vous, tandis que le carnage
Au soldat furieux laisse à peine un passage ?

CICÉRON.

Rassurez-vous, ma fille, et restez en ces lieux ;
Bientôt nous reviendrons y rendre grace aux dieux :
Ce temple, en attendant, vous servira d'asile.
Que sur Rome et sur moi votre cœur soit tranquille.

SCÈNE V.

TULLIE, seule.

ESPOIR des malheureux, dieux, soyez mon recours.
Hélas ! c'est de vous seuls que j'attends du secours.
A quel excès de maux me voilà parvenue !
On me fuit, on se tait : ô soupçon qui me tue !
Que je crains les malheurs de ce fatal décret
Que mon père a paru m'accorder à regret !
Loin d'oser sur ce choix lui faire violence,
Ne devois-je pas mieux pénétrer son silence ?

Crébillon. 3.

J'entends avec fureur nommer Catilina :
On dit qu'il se retranche au palais de Sylla,
Tandis qu'en d'autres lieux il auroit dû paroître.
Est-ce là, s'il m'aimoit, que l'ingrat devroit être?
Peut-il m'abandonner en cette extrémité?
Quel usage fait-il de sa fidélité?
Aucun de ses amis n'accourt pour ma défense ;
Et tous, jusqu'à Probus, évitent ma présence.
D'un funeste décret n'aurois-je armé sa main
Que pour voir immoler jusqu'au dernier Romain?
Cruel Catilina, soit perfide ou fidèle,
Que tu coûtes de pleurs à ma douleur mortelle !
Que dis-je? Et Manlius, qu'il a sacrifié,
Ne l'a-t-il pas déjà plus que justifié?
Ne l'aimerai-je donc que pour lui faire outrage?
Dieux, éloignez de moi cet horrible nuage.
On vient : c'est lui. Je sens redoubler mon effroi.

SCÈNE VI.

CATILINA, sans épée, un poignard à la main;
TULLIE.

TULLIE.

SEIGNEUR, en quel état vous offrez-vous à moi?
Quoi ! tout couvert de sang ! Quel désordre effroyable !
A qui réservez-vous ce fer impitoyable?
Que vois-je?

CATILINA.

Un malheureux qui vient d'être vaincu,
Honteux de vivre encore, ou d'avoir tant vécu.

Dieux, qui m'abandonnez à mon sort déplorable,
Ramenez-moi du moins l'ennemi qui m'accable.
En vain pour le chercher j'échappe à mille bras :
Le lâche à ma fureur ne s'exposera pas.
Tandis qu'au désespoir mon cœur est tout en proie,
Mes cruels ennemis se livrent à la joie.
Ce fer, que je gardois pour leur percer le flanc,
Ne sera plus souillé que de mon propre sang.

TULLIE, à part.

Fatale vérité que j'ai trop combattue,
De quel affreux éclat viens-tu frapper ma vue !
   (à Catilina.)
Écoutez-moi, seigneur, et reprenez vos sens.
Qui peut vous arracher ces terribles accents ?
Si vous êtes vaincu, mon père est donc sans vie ?

CATILINA.

Eh ! sait-il seulement qu'on meurt pour la patrie ?
Ce n'est pas vous, c'est lui que je cherche en ces lieux.
Fuyez, éloignez-vous d'un amant furieux.
Dieux ! après tant d'exploits dignes de mon courage,
Il ne me restera qu'une inutile rage !
Ah ! si j'eusse manqué de prudence ou de cœur,
Je pourrois au destin pardonner mon malheur :
Mais que n'ai-je point fait dans ce moment terrible ?
Et que falloit-il donc pour me rendre invincible ?
Intrépides amis, dignes d'un sort plus doux,
Vous êtes morts pour moi ; j'ose vivre après vous !
Quoi ! Sylla presque seul, plus heureux que grand homme,
N'eut besoin que d'un jour pour triompher de Rome ;

Et moi, triste jouet du perfide Céson,
Je suis vaincu deux fois, et par toi, Cicéron !
Quoi ! dans le même instant qu'il faut que Rome tombe,
C'est toi qui la soutiens, et c'est moi qui succombe !
Mon génie, accablé par ce vil plébéien,
Sera donc à jamais la victime du sien !
Après m'avoir ravi la dignité suprême,
Ce timide mortel triomphe de moi-même !
Fortune des héros, ce n'est pas sur les cœurs
Que l'on te vit toujours mesurer tes faveurs.
Que l'on doit mépriser les lauriers que tu donnes,
Puisque c'est Cicéron qu'aujourd'hui tu couronnes !
O de mon désespoir vil et foible instrument,
Tu me restes donc seul dans ce fatal moment !
Mes généreux amis sont morts pour ma défense,
Et pour comble d'horreur je mourrai sans vengeance !
Dieux cruels, inventez quelque supplice affreux
Qui puisse être pour moi plus triste et plus honteux !

TULLIE.

Malheureux, que dis-tu ? Quand la mort t'environne,
Ton cœur respire encor le fiel qui l'empoisonne,
Et gémit de laisser des crimes imparfaits !

CATILINA.

Qu'entends-je ! on m'ose ici reprocher des forfaits !
Cœur foible, qui, rampant sous de lâches maximes,
Croyez l'ambition une source de crimes,
Vaine erreur qu'un grand cœur sut toujours dédaigner,
Apprenez que le mien étoit fait pour régner.
Rome, esclave, sans frein, avoit besoin d'un maître :
J'ai voulu lui donner le seul digne de l'être ;

C'est moi. Si vous osez condamner ce projet,
Vous ne méritez pas d'en devenir l'objet.
N'auriez-vous pas voulu, pour gouverner l'empire,
Que j'eusse de Caton consulté le délire,
Ou que, faisant un choix plus conforme à vos vœux,
J'eusse, pour avilir tant d'hommes généreux,
Donné ma voix au dieu que le sénat révère,
Lui dont la seule gloire est d'être votre père ?

TULLIE.

Songez qu'il est du moins l'arbitre de vos jours.

CATILINA, montrant son poignard.

Voilà celui qui doit décider de leur cours.
Tout vaincu que je suis, craignez de voir paroître
Cet arbitre nouveau qu'on me donne pour maître.

TULLIE.

Écoutez-moi, cruel, avant que la fureur
Achève d'aveugler votre indomtable cœur :
Les moments nous sont chers, et celui-ci peut-être
Va flétrir sur l'airain le jour qui vous vit naître.
Encor si dans les champs où préside l'honneur,
Où le vaincu souvent peut braver le vainqueur,
Je vous voyois chercher une sorte de gloire,
Je pourrois sans rougir chérir votre mémoire :
Mais se donner la mort pour de honteux complots,
Est-ce donc là mourir de la mort des héros ?
Je devrois vous haïr ; mais votre mort prochaine
Éteint tout sentiment de vengeance et de haine.
Mon cœur, de ses devoirs autrefois si jaloux,
Qui, malgré tout l'amour dont il brûloit pour vous,

7.

Se fit de votre perte un devoir légitime,
Ne sait plus aujourd'hui que pleurer sa victime.
Barbare ! si jamais vous fûtes mon amant,
Si la mort vous paroît un frivole tourment,
Craignez-en un pour vous plus cruel : c'est moi-même;
C'est une amante en pleurs qui vous perd et vous aime;
C'est ma douleur, qui va me conduire au tombeau.
Voulez-vous en mourant devenir mon bourreau ?
Reconnoissez ma voix : c'est la fière Tullie
Que l'amour vous ramène et vous réconcilie;
Qui veut vous arracher à votre désespoir,
Et qui ne rougit plus de trahir son devoir.
Songez, Catilina, que Rome est votre mère;
Qu'à vous plus qu'à tout autre elle doit être chère.
Renoncez à l'orgueil de vouloir mettre aux fers
Un peuple à qui les dieux ont soumis l'univers.
Pour sauver votre honneur, n'employez d'autres armes
Qu'un retour vertueux, vos remords, et mes larmes.
Jurez-moi que jamais vous ne teindrez vos mains
De votre propre sang, ni du sang des Romains :
Je vais vous dérober au coup qui vous menace;
Ce que j'ai fait pour Rome obtiendra votre grace.

CATILINA.

Ma grace est dans mes mains, cœur indigne du mien.
Cicéron vous a-t-il déjà transmis le sien ?
Moi fléchir ! moi prier ! moi demander la vie !
L'accepter, ce seroit me couvrir d'infamie.

TULLIE.

Eh bien ! cruel, méprise un pardon généreux,
J'y consens; mais du moins, dans ton sort malheureux,

De la part d'une amante accepte une retraite.
CATILINA.
M'y pourriez-vous cacher ma honte et ma défaite ?
C'est là le trait cruel qui déchire mon cœur.
Ah ! s'il vous touche encor, respectez mon malheur.
Si de vous obéir ce cœur étoit capable,
J'aurois trop mérité le destin qui m'accable.
Dans l'état où je suis, loin de vous attendrir,
C'est vous qui devriez m'exciter à mourir ,
Et même me prêter une main généreuse.
Cachez à mes regards cette douleur honteuse.
Que craignez-vous ? ma mort ? La mort n'est qu'un instant
Que le grand cœur défie, et que le lâche attend.
Vous m'indignez. Je sens que ma raison s'égare.
TULLIE.
Frappe ; mais malgré toi tu me suivras, barbare.
Ne crois pas m'effrayer par tes emportements;
Je ne me connois plus dans ces affreux moments.
Quoi ! c'est Catilina qui manque de constance !
Malheureux ! qu'attends-tu, sans armes, sans défense ?
Le sénat va bientôt revenir en ces lieux :
Veux-tu que je te voie égorger à mes yeux ?
Ingrat, suis-moi : du moins une fois en ta vie,
Reconnois par pitié l'empire de Tullie :
Tu n'as que trop bravé sa tendresse et ses pleurs.
Remets-moi ce poignard.
CATILINA se perce, et donne le poignard à Tullie.
Le voilà.
TULLIE.
Je me meurs.

CATILINA.

Tout est fini pour moi : mais si je perds la vie,
Du moins mes ennemis ne me l'ont point ravie.
Séchez vos pleurs, Tullie; et que prétendez-vous
D'un cœur dont la mort seule éteindra le courroux ?
Étouffez des regrets que ma fierté dédaigne :
C'est de mourir vaincu qu'il faut que l'on me plaigne.

SCÈNE VII.

CATILINA, CICÉRON, CATON, TULLIE,
LENTULUS, CÉTHÉGUS, LES LICTEURS.

CATILINA, voyant arriver les conjurés qu'on mène au supplice.

Voici le dernier coup que me gardoit le sort.

CÉTHÉGUS, en passant.

Adieu, Catilina : nous allons à la mort.

CATILINA.

Amis infortunés, ma main vient de répandre
Ce sang que j'aurois dû verser pour vous défendre.

(voyant paroître Cicéron et Caton.)

Il ne me restoit plus, pour comble de douleur,
Que d'expirer aux yeux de mon lâche vainqueur.

(à Cicéron.)

Approche, plébéien ; viens voir mourir un homme
Qui t'a laissé vivant pour la honte de Rome.

(à Caton.)

Et toi dont la vertu ressemble à la fureur,
Au gré de mes désirs tu feras son malheur.

Cruels, qui redoublez l'horreur qui m'environne,

(Il fait un mouvement pour se lever.)

Qu'heureusement pour vous la force m'abandonne !
Mais croyez qu'en mourant mon cœur n'est point changé.
O César ! si tu vis, je suis assez vengé.

FIN.

Nouvelle scène III* du II.ᵉ acte.

CICÉRON, TULLIE.

TULLIE.

Je viens en ce moment
D'avoir avec Probus un éclaircissement.
J'ai vu l'esclave aussi, mais ce n'est plus le même;
Ainsi que sa fierté, son audace est extrême.
Probus dans ses discours ne me laisse entrevoir
Que de nouveaux sujets d'horreur, de désespoir;
Et, loin que votre aspect dissipe mes alarmes,
Je vous vois prêt, seigneur, à répandre des larmes.

CICÉRON.

Ma fille, quel secret m'avez-vous découvert!
Votre zèle trop prompt nous trahit et nous perd.
Ce jour, qui n'auroit dû briller que pour ma gloire,
Et parmi les Romains consacrer ma mémoire,
Ce jour, que je croyois le plus beau de mes jours,
Loin de les illustrer, en va flétrir le cours.
Jamais Catilina ne fut plus redoutable
Qu'au moment que j'ai cru sa perte inévitable.
Malgré tous ses détours, j'entrevois ce qu'il veut;
Mais nous serions perdus, s'il osoit ce qu'il peut.

---

* Cette scène n'a point été imprimée du vivant de M.' de Crébillon, et a été trouvée dans ses papiers : on sentira facilement pourquoi il l'a supprimée.

La moitié du sénat, tremblante ou corrompue,
N'offre que perfidie ou foiblesse à ma vue;
Et l'esclave lui seul me cause plus d'effroi,
Que tous les ennemis conjurés contre moi.
C'est Fulvie en un mot, dont la haine fatale
Poursuit moins aujourd'hui l'amant que la rivale;
Qui, prompte à démentir de fidèles rapports,
Vous veut associer à de honteux transports,
Vous faire soupçonner d'une flamme coupable
Qui du sénat entier va vous rendre la fable,
Si nous ne fléchissons un barbare ennemi
Que l'on ne vit jamais se venger à demi.
Cependant, pour sauver votre gloire et la mienne,
Il faut loin du sénat qu'un piège le retienne.
Essayez sur son cœur le pouvoir de vos yeux.
Songez qu'il faut surtout l'éloigner de ces lieux;
S'il paroît au sénat et qu'il se justifie,
Vous m'en verrez sortir couvert d'ignominie.
Catilina vous aime, et l'espoir d'être à vous
Peut-être calmera sa haine et son courroux.

TULLIE.

Mais si je fléchissois ce superbe courage,
Si d'un espoir flatteur il demandoit un gage,
Pourrois-je en sûreté lui promettre ma main?
Et si je la promets, l'obtiendra-t-il enfin?
Seigneur, vous vous taisez....

CICÉRON.

Ah! ma chère Tullie,
Qu'au sort d'un furieux votre père vous lie....
Me préserve le ciel de cet horrible choix!

TULLIE.

Je fus toujours soumise à ce que je vous dois:

Mais à Catilina, seigneur, si je m'engage,
Ma main au même instant deviendra son partage;
Mon cœur tentera tout pour désarmer le sien :
Mais s'il faut le tromper, je ne vous promets rien.

CICÉRON.

Tromper un ennemi digne de notre estime,
Ce n'est pas se venger, c'est se souiller d'un crime;
Mais tromper des pervers et des séditieux,
Lorsque dans leur fureur rien n'est sacré pour eux,
Ce n'est que profiter des exemples qu'ils donnent.
Ainsi que vos refus, vos scrupules m'étonnent.
Il s'agit de sauver mon honneur au sénat,
Et votre cœur balance en faveur d'un ingrat !
Eh bien ! venez donc voir immoler votre père,
Et de fleuves de sang inonder Rome entière.
Mais vous ne m'aimez plus, et la nature en vain
Me peindroit à vos yeux un poignard dans le sein.

TULLIE.

Ah ! daignez m'épargner un si cruel outrage :
D'un père que j'adore est-ce là le langage?
Quoi ! ce père si cher, dont les augustes mains
M'ont tant de fois tracé de plus nobles chemins,
Voudroit-il employer sa divine éloquence
À corrompre des cœurs nourris dans l'innocence?
Eh ! que n'ai-je point fait pour vous prouver ma foi?
J'ai perdu mon amant, qu'exigez-vous de moi?

CICÉRON.

Ah ! ma fille, étouffez une tendresse vaine;
Sont-ce là des transports dignes d'une Romaine?
Quoi ! votre cœur s'arrête à des scrupules vains,
Et dédaigne l'honneur de sauver les Romains !

Catilina bientôt dans ces lieux va paroître ;
Adieu, songez qu'il faut perdre ou gagner ce traître,
Que vous êtes enfin fille de Cicéron.
Retournez chez Probus ; moi, je vais chez Caton.
C'est là que je pourrai dans le cœur d'un seul homme
Retrouver à-la-fois nos dieux, nos lois, et Rome.

_____

LE TRIUMVIRAT,

O U

LA MORT DE CICÉRON,

TRAGÉDIE,

Représentée pour la première fois le
23 décembre 1754.

A MADAME BIGNON,

MAÎTRESSE DES REQUÊTES.

M ADAME,

Vous dédier le TRIUMVIRAT, c'est offrir un enfant à sa mère : heureux si vous vous en fussiez moins rapportée à moi pour son éducation ! plus heureux encore si vous eussiez pu le douer d'une portion de ce génie si sage et si éclairé qui fut votre partage, mais qu'une modestie portée jusqu'à l'excès vous force trop souvent de condamner à un silence injurieux pour vos amis ! Y en a-t-il qui se lassent de vous entendre ? Quand on sait si bien penser

8.

et si bien parler, je crois, madame, qu'il est honteux de se taire. Je souhaite que ce reproche fasse plus d'effet sur vous, que n'en ont fait sur moi vos judicieux avis ; mais on n'est pas poëte impunément. Malgré un grand nombre de fautes, que j'aurois pu éviter si je n'eusse consulté que vous, je me flatte que vous daignerez accepter sans répugnance l'hommage que je vous rends, avec serment d'être plus docile dans le nouvel ouvrage que vous me forcez d'entreprendre. Vouloir bien devenir, à votre âge, le précepteur d'un homme de quatre-vingt-un ans est un trait digne de vous.

Je suis, avec le plus profond respect,

MADAME,

votre très humble et très obéissant serviteur,

JOLYOT DE CRÉBILLON.

PRÉFACE.

Il y a peu d'exemples qu'un homme de quatre-
vingt-un ans, âge qui semble inviter à l'indulgence,
se soit vu aussi cruellement traité par la cabale que
je le fus à la première apparition de cet ouvrage.
Il est rare en même temps que le public se soit
jamais déclaré si vivement et si promptement contre
des manœuvres odieuses qui l'avoient indigné,
puisqu'à la seconde représentation de cette tragédie il me prodigua plus d'applaudissements que je
n'en reçus de ma vie à aucune de mes pièces. On
eût dit qu'il se faisoit un point d'honneur de pro-
téger un vieux nourrisson qu'il a paru adopter dès
ses premières productions. Malgré les bontés dont
il m'a honoré, la cabale n'en a pas moins répandu
d'absurdités contre cet ouvrage, jusqu'à dire que
c'étoit un réchauffé de Cromwel. Si j'aimois la vengeance, rien ne pourroit plus contribuer à la satis-
faire qu'une méchanceté si stupide. Je laisse à penser quel rapport il peut y avoir entre le Triumvirat
et Cromwel. Si j'avois un peu plus d'amour-propre,
ce déchaînement me feroit croire que je puis encore
exciter l'envie; mais je n'en aurai jamais d'autre que
celle de mériter les suffrages du public, et de lui
donner des marques de ma reconnoissance. Je ne
puis mieux le lui prouver qu'en continuant d'aug-
menter la mauvaise humeur de mes ennemis par
de nouveaux ouvrages.

PERSONNAGES.

OCTAVE-CÉSAR, } triumvirs.
LÉPIDE,

CICÉRON, consul.

TULLIE, fille de Cicéron.

SEXTUS, fils de Pompée, et déguisé sous le nom de Clodomir chef des Gaulois.

MÉCÈNE, favori d'Octave.

PHILIPPE, affranchi du grand Pompée.

La scène est à Rome, dans la place publique.

LE TRIUMVIRAT,

OU

LA MORT DE CICÉRON,

TRAGÉDIE.

~~~~~~~~~~~~~~~~~~~~~~~~~~~~~~~~~~

ACTE PREMIER.

SCÈNE I.

TULLIE, seule.

Où vais-je, infortunée ? et quel espoir me luit ?
Que de cris ! que de pleurs ! et quelle affreuse nuit !
Effroyable séjour des horreurs de la guerre,
Lieux inondés du sang des maîtres de la terre,
Lieux dont le seul aspect fit trembler tant de rois,
Palais où Cicéron triompha tant de fois,
Désormais trop heureux de cacher ce grand homme,
Sauvez le seul Romain qui soit encor dans Rome.
(apercevant le tableau des proscrits.)
Que vois-je à la lueur de ce cruel flambeau ?
Ah ! que de noms sacrés proscrits sur ce tableau !

Rome, il ne manque plus, pour combler ta misère,
Que d'y tracer le nom de mon malheureux père,
Qu'on peut sans t'offenser nommer aussi le tien.
Hélas ! après les dieux, il est ton seul soutien.

(à la statue de César.)

Toi qui fis en naissant honneur à la nature,
Sans avoir des vertus que l'heureuse imposture ;
Trop aimable tyran, illustre ambitieux,
Qui triomphas du sort, de Caton et des dieux ;
Brutus, s'il est ton fils, a plus fait pour ta gloire,

(Elle montre le nom d'Octave à la tête des proscripteurs.)

Que ce tigre adopté pour flétrir ta mémoire.
César, vois à quel titre il prétend t'égaler :
Mais c'est en proscrivant qu'il sait se signaler.
Sacrifie à nos pleurs ce successeur profane ;
Si ton cœur l'a choisi, ta gloire le condamne :
Ce n'est pas sous son nom qu'un glorieux burin
Enchaînera jamais et la Seine et le Rhin.
Sous un joug ennobli par l'éclat de tes armes,
Nous respirions du moins sans honte et sans alarmes.
Loin de rougir des fers qu'illustroit ta valeur
On se croyoit paré des lauriers du vainqueur :
Mais, sous le joug honteux et d'Antoine et d'Octave,
Rome, arbitre des rois, va gémir en esclave.
Quel spectacle nouveau vient me remplir d'effroi !

(à la statue de Pompée.)

Ah ! Pompée, est-ce là ce qui reste de toi ?
Misérables débris de la grandeur humaine,
Douloureux monuments de vengeance et de haine,

Plus on dispersera vos restes immortels,
Et plus vous trouverez et d'encens et d'autels.
Et toi, digne héritier d'un nom que Rome adore,
Héros qu'en ses malheurs chaque jour elle implore,
Pour nous venger d'Octave, accours, vaillant Sextus;
A ce nouveau César sois un nouveau Brutus :
Octave est si cruel, qu'il rendroit légitime
Ce qui même à ses yeux pourroit paroître un crime.....

SCÈNE II.

TULLIE, CLODOMIR.

TULLIE.

MAIS dans l'obscurité qu'est-ce que j'entrevois ?
Hélas ! que je le plains ! c'est le chef des Gaulois.
Tandis que pour mon père il expose sa vie,
Mon père pour jamais va lui ravir Tullie.
Que cherchez-vous ici, généreux Clodomir ?

CLODOMIR.

Ce que les malheureux cherchent tous, à mourir.
Madame, c'en est fait; la colère céleste
Va bientôt des Romains détruire ce qui reste.
Le jour n'éclaire plus que des objets affreux,
Et l'air ne retentit que de cris douloureux :
Les autels ne sont plus qu'un refuge effroyable
Que souille impunément le glaive impitoyable.
Un tribun massacré par ses propres soldats
Ne sert que de signal pour d'autres attentats.
Un fils, presque à mes yeux, vient de livrer son père :
J'ai vu ce même fils égorgé par sa mère.

On ne voit que des corps mutilés et sanglants,
Des esclaves traîner leurs maîtres expirants.
Le carnage assouvi réchauffe le carnage.
J'ai vu des furieux dont la haine et la rage
Se disputoient des cœurs encor tout palpitants :
On diroit, à les voir, l'un l'autre s'excitants,
Déployer à l'envi leur fureur meurtrière,
Que c'est le dernier jour de la nature entière ;
Et, pour comble de maux dans ces cruels instants,
Rien ne m'annonce ici les secours que j'attends.
D'infortunés proscrits une troupe choisie
Va bientôt par mes soins se trouver dans Ostie.
J'ai sauvé Messala, Métellus et Pison :
Mais ce n'est rien pour moi si je n'ai Cicéron ;
C'est à ce tendre soin que mon amour s'applique,
Pour sauver à-la-fois vous et la république.
Fuyez, belle Tullie, et daignez un moment
Vous attendrir aux pleurs d'un malheureux amant.
C'est pour vous, digne objet qui causez mes alarmes,
Que le plus fier des cœurs a pu verser des larmes.

TULLIE.

Moi, fuir ! ah ! Clodomir, c'est en moi, dans mon sein,
Que Rome doit trouver son salut ou sa fin.
Les pleurs, pour m'ébranler, sont de trop foibles armes :
La vie a ses attraits, mais la mort a ses charmes.

CLODOMIR.

N'accablez point, Tullie, une ame au désespoir.
Si ma douleur n'a rien qui vous puisse émouvoir,
Écoutez-moi du moins en ce moment funeste.
De ce père si cher, le seul bien qui vous reste,

L'implacable Fulvie a juré le trépas ;
Vous la verrez bientôt l'arracher de vos bras,
Et couvrir de son sang cette auguste retraite,
Qui n'est pour Cicéron ni sûre ni secrète.
Octave a découvert qu'il étoit en ces lieux :
Rien n'échappe aux regards de cet ambitieux.
Dangereux et prudent, plus adroit que sincère,
Il ne s'attachera qu'à tromper votre père.
Mécène est avec lui. Ce sage courtisan,
Peu digne du malheur de servir un tyran,
Vient flatter Cicéron d'une faveur ouverte,
Sans savoir que peut-être il travaille à sa perte.
Octave vous adore, et prétend, à son tour,
Que votre père et vous couronniez son amour.
Et moi, qui vous aimois plus qu'on n'aime la vie,
Je vous perds avec elle, adorable Tullie.
Votre hymen mettra fin à leur division,
Et c'est mon sang qui va sceller leur union.

TULLIE.

Votre sang ! Ah ! croyez qu'il n'est point de puissance
Que je n'ose braver ici pour sa défense.
Eh ! quel sang fut jamais si précieux pour nous ?
Est-il quelque Romain qui le soit plus que vous ?
Clodomir, il est temps de vous ouvrir mon ame.
J'ai vu sans m'offenser éclater votre flamme :
J'ai souffert sans courroux qu'un amour malheureux,
Malgré ma dignité, m'entretînt de ses feux ;
Et, cédant sans effort au penchant invincible
Qui triomphoit d'un cœur si long-temps insensible,

Crébillon. 3.   9

Mon devoir contre vous n'a jamais combattu.
L'amour pour vos pareils devient une vertu ;
Et la vôtre, d'accord avec mon innocence,
Ne m'a point fait rougir de ma reconnoissance.
Je ne vous cache point que mes vœux les plus doux
Se bornoient à l'espoir de vous voir mon époux ;
Mais vous n'ignorez pas que la fierté romaine
Jamais dans ses hymens n'admet ni roi ni reine ;
Qu'étranger, et surtout sorti du sang des rois,
Notre union ne peut dépendre de mon choix.
Parmi tant de malheurs que nous avons à craindre,
De celui-ci mon cœur n'auroit osé se plaindre,
Si ce cœur, pénétré de vos soins généreux,
N'avoit cru vous devoir de si tendres aveux.
C'en est fait, Clodomir : la fortune inhumaine
Vient de briser les nœuds d'une innocente chaîne.
Plaignez-moi, plaignez-vous ; mais respectez mon cœur,
Ses regrets, son devoir, sa gloire et sa candeur.
Un rival.... (à ces mots, ne craignez rien d'Octave ;
Un tyran à mes yeux ne vaut pas un esclave ;)
Un rival plus heureux va causer nos malheurs ;
Et je n'oserai plus vous donner que des pleurs.
Pour la dernière fois écoutez leur langage :
Votre amour n'en doit pas exiger davantage.
Le fils du grand Pompée.... Hélas ! que n'est-ce vous
Que j'eusse avec plaisir accepté mon époux !
C'est vous en dire assez, et j'en dis trop peut-être.
Adieu. Bientôt Sextus en ces lieux va paroître ;
Consultez mon devoir.... Ah ! fuyez, Clodomir :
Quelqu'un vient, et je crois que c'est un triumvir.

Mon père vous attend.

SCÈNE III.

LÉPIDE, TULLIE.

LÉPIDE.

VERTUEUSE Tullie,
Arrêtez un moment ; c'est moi qui vous en prie.
Confondez-vous Lépide avec des furieux,
Opprobres à-la-fois des hommes et des dieux ?
Triumvir malgré moi, tyran sans barbarie,
Je venais avec vous pleurer sur la patrie,
Et dire à votre père un éternel adieu.
Ma vertu souffre trop en ce funeste lieu,
Dont je ne puis chasser mes collègues impies,
Monstres dans les enfers nourris par les Furies ;
Et le sénat, en proie à ces deux inhumains,
Me charge des forfaits réservés à leurs mains.
Tandis que nos malheurs sont leur unique ouvrage,
La haine et le mépris vont être mon partage.
Sur un honteux soupçon, et si peu mérité,
Du cœur de Cicéron j'attends plus d'équité.
Mais de ces lieux cruels il faut que je m'exile :
Dans l'Espagne, où j'ai su me choisir un asile,
Je vais chercher, madame, un ciel moins corrompu,
Pour sauver mon honneur, mon nom et ma vertu.

TULLIE.

Ah ! la vertu qui fuit ne vaut pas le courage
Du crime audacieux qui sait braver l'orage.

Que peut craindre un Romain des caprices du sort,
Tant qu'il lui reste un bras pour se donner la mort ?
Avez-vous oublié que Rome est votre mère ?
Demeurez, imitez l'exemple de mon père ;
Et de votre vertu ne nous vantez l'éclat
Qu'après une victoire, ou du moins un combat.
On n'encensa jamais la vertu fugitive ,
Et celle d'un Romain doit être plus active :
On ne le reconnoît qu'à son dernier soupir.
Son honneur est de vaincre, et, vaincu, de mourir :
De toute autre vertu rejetez le mensonge.
La mort pour un Romain n'est que la fin d'un songe.
Mais Cicéron qui vient vous dira mieux que moi
Qu'un grand homme n'est rien s'il ne l'est que pour soi.

(Elle sort.)

SCÈNE IV.
CICÉRON, LÉPIDE.

CICÉRON.

Près de voir consommer mon destin déplorable,

(montrant le tableau des proscrits.

Et parer de mon nom cette odieuse table ,
Je ne m'attendois pas qu'un lâche triumvir
Vînt m'apporter lui-même un ordre de mourir.
Hélas ! c'est aujourd'hui tout ce que je désire :
Vous n'aurez pas besoin, cruel, de me proscrire.

LÉPIDE.

Rendez plus de justice aux soins d'un tendre ami.

CICÉRON.

Eh ! quel autre dessein peut vous conduire ici?

Lépide, est-ce bien vous ? Quoi ! ce même Lépide
Qui s'enorgueillissoit d'une vertu rigide,
De nos derniers malheurs sacrilège artisan,
A mes yeux indignés n'offre plus qu'un tyran !

LÉPIDE.

Cicéron, respectez l'amitié qui nous lie :
La mienne vous révère, et la vôtre s'oublie.
Quoi ! si savant dans l'art de lire au fond des cœurs,
C'est vous qui des tyrans m'imputez les fureurs !
Ah ! de leur cruauté loin que je sois complice,
Il n'est point de moments où mon cœur n'en gémisse.

CICÉRON.

Faites moins éclater une feinte douleur
Qui ne sert qu'à prouver que vous manquez de cœur.
Pourquoi donc vous unir à la toute-puissance,
Dès que vous n'en pouvez réprimer la licence,
Ni soutenir un rang qui doit régler vos pas ?
Si votre cœur est pur, vos mains ne le sont pas.
Le sang coule à vos yeux, vous n'osez le défendre ;
C'est vous qui le versez en le laissant répandre ;
D'Antoine et de César collègue sans honneur,
Lorsque vous en pourriez devenir la terreur,
A peine vous osez disputer votre tête,
Trop heureux en fuyant d'éviter la tempête !
Inutile tyran d'un peuple malheureux,
Soyez du moins pour nous un tyran courageux ;
Et si c'est à régner que votre cœur aspire,
Sauvez donc les sujets qui forment votre empire,
Unissons nos efforts et notre désespoir :
Du sénat expirant ranimons le pouvoir.

9.

Lorsque de Rome en feu les cris se font entendre,
Attendez-vous sa fin pour pleurer sur sa cendre ?
Ouvrez les yeux, Lépide, et revenez à vous.
Rome en pleurs avec moi vous implore à genoux:
Devenons tour à tour pères de la patrie,
Et rendons aux Romains une nouvelle vie.
Dussions-nous à la mort nous livrer sans succès,
Nous revivrons tous deux pour ne mourir jamais.

LÉPIDE.

Pour le salut de Rome inutile espérance !
Abandonnez aux dieux le soin de sa défense.
Il n'est plus de Romains, ni de lois, ni d'état ;
C'est votre nom lui seul qui fait tout le sénat.
Romain trop vertueux, dans ce malheur extrême,
Ne songez qu'à sauver votre fille et vous-même.
Tout l'univers en vain s'intéresse à vos jours,
Si la fureur d'Antoine en veut trancher le cours.
Échauffé par les cris d'une femme inhumaine
Que des fleuves de sang satisferoient à peine,
Ce cruel veut vous mettre au nombre des proscrits,
Et vous pouvez juger quel en sera le prix.
Je crains qu'à vos dépens Octave ne se venge,
Et que de Lucius vous ne soyez l'échange.
Octave, qui poursuit l'oncle du triumvir,
Ne se rendra jamais qu'on ne l'ait fait mourir ;
Et l'on n'apaisera la haine de Fulvie,
Que de tout votre sang on ne l'ait assouvie.
Il est vrai que contre eux Octave vous défend ;
Mais de ses intérêts son amitié dépend.

La seule ambition gouverna sa jeunesse,
Et le gouvernera jusque dans sa vieillesse.
Ainsi n'attendez rien de ce volage appui,
Que vous perdrez demain, si ce n'est aujourd'hui.
J'ai fixé mon séjour sur les rives du Tage :
C'est sur ces bords heureux, devenus mon partage,
D'un pouvoir usurpé restes injurieux,
Que je veux transporter Cicéron et mes dieux.
Venez y partager l'empire et ma fortune,
Qu'une tendre amitié doit nous rendre commune.

CICÉRON.

Qu'entends-je ?

LÉPIDE.

Et dans ces lieux quel est donc votre espoir?

CICÉRON.

J'y veux avec le mien remplir votre devoir ;
J'y veux faire, moi seul, ce qu'y doit faire un homme
Qui veut mourir pour Rome, ou mourir avec Rome.
Vous croyez, je le vois, parler au Cicéron
De qui la fermeté n'illustra point le nom ;
Mais je vous ferai voir que ma seule sagesse
Me fit, sur ma douceur, soupçonner de foiblesse.
Dans les temps orageux où mon autorité
N'avoit dans le sénat qu'un pouvoir limité,
Je laissai de Sylla triompher l'insolence.
Le respect sur César m'imposa le silence ;
Et ce même César prouve que la douceur
Peut, ainsi que la gloire, habiter un grand cœur.

Quand par des soins prudents j'ai conjuré l'orage,
Si l'on m'a reproché de manquer de courage,
Les désordres présents, ma mort et mes revers
Vont me justifier aux yeux de l'univers.

LÉPIDE.

Et sur quoi voulez-vous que l'on vous justifie ?
Vivez pour illustrer encor plus votre vie.
Je crains un désespoir. Ah ! mon cher Cicéron,
Le ciel ne vous fit point pour imiter Caton.

CICÉRON.

L'exemple de Caton seroit honteux à suivre :
Plus le malheur est grand, plus il est grand de vivre.

LÉPIDE.

Voilà les sentimens qu'a dû vous inspirer
Cette gloire où vous seul avez droit d'aspirer.
Mais laissez-moi le soin d'une tête si chère :
Daignez me confier et la fille et le père;
Que je puisse, en sauvant des jours si précieux,
Me flatter avec vous d'un retour en ces lieux.
Conservons au sénat un ami si fidèle,
A Rome un magistrat qui fut si digne d'elle :
Dans notre exil commun venez me consoler.
Voulez-vous qu'à mes yeux je vous voie immoler ?
D'Octave prévenant redoutez les finesses ;
Mais craignez encor moins son art que ses promesses.
Je vais guider vos pas en des lieux écartés
Où l'on ne peut jamais vous découvrir.

CICÉRON.

Partez :

J'aurai moins à rougir de me donner un maître,
Que de suivre un ami si peu digne de l'être.
Que César me soutienne ou me manque de foi,
Antoine, vous et lui, tout est égal pour moi.
Si le destin me garde une fin malheureuse,
La fuite ne pourroit que la rendre honteuse.
Je n'ai connu qu'un bien ; c'étoit la liberté :
Je l'ai perdu. Grands dieux, qui me l'avez ôté,
Que ne m'arrachiez-vous une importune vie
Qu'en vain votre courroux réserve à l'infamie ?

LÉPIDE.

Je ne vous presse plus ; mais avant mon départ
D'un secret important je veux vous faire part.
Sextus, que l'on croyoit au rivage d'Ostie,
Est depuis quelque temps caché dans l'Italie :
Je soupçonne, de plus, qu'il pourroit être ici.
Gardez-vous d'embrasser ce dangereux parti.
Celui des conjurés seroit moins sûr encore :
Ce sont des assassins que l'univers abhorre ;
Et si jamais César peut découvrir Sextus,
Vous vous perdez tous deux, ainsi que Métellus.

CICÉRON.

Que m'importe Sextus ? et que voulez-vous dire ?

LÉPIDE.

Ce que pour vous sauver mon amitié m'inspire.
En vain vous prétendez, sous le nom d'un Gaulois,
Nous cacher un guerrier connu par tant d'exploits.
Cicéron, mon dessein n'est pas de vous surprendre :
Je sais tout, j'ai tout vu ; cessez de vous défendre.

J'ai trop aimé Pompée, et trop connu ses fils,
Pour croire qu'à Sextus mes yeux se soient mépris:
Je viens de l'entrevoir.

CICÉRON.

Eh bien ! si de son père
La mémoire aujourd'hui peut vous être encor chère,
Loin de rougir des biens qu'il répandit sur vous,
Qu'un noble souvenir vous les rappelle tous.
De ce nom si vanté ranimons la puissance,
Et d'un fils malheureux embrassez la défense;
Détruisons les tyrans et le triumvirat,
Ou formons-en un autre appuyé du sénat.
Qu'aux transports d'un ami votre vertu réponde;
Devenons les soutiens et les maîtres du monde;
Mais ne le soumettons à notre autorité,
Que pour donner aux lois toute leur liberté.

LÉPIDE.

De ce rare projet j'admire la noblesse :
J'en conçois la grandeur, encor mieux la foiblesse.
Je vois des généraux qui n'auront pour soldats
Que des proscrits errant de climats en climats.
Croyez-moi, Cicéron; votre unique espérance
Est de pouvoir d'Antoine éviter la vengeance.
Fuyez avec Sextus, ou fuyez avec moi.
Choisissez l'un de nous, et comptez sur ma foi;
Mais pour jamais de Rome il faut que je m'exile.
Pour la dernière fois je vous offre un asile.
Adieu.

SCÈNE V.

CICÉRON, seul.

FOIBLE tyran, garde pour tes pareils
Ton amitié, tes soins, ta honte et tes conseils;
Lâche, plus digne encor de mépris que de haine!...
Déjà le jour plus grand m'annonce que Mécène,
Qui dans ce trouble affreux s'intéresse à la paix,
Doit être dès long-temps rentré dans ce palais:
Allons. Mais il est temps que j'instruise ma fille
D'un secret qui peut perdre ou sauver ma famille.
Sur nos desseins communs craignons moins d'alarmer
Un grand cœur qui sait plus que de savoir aimer.
De ses frayeurs pour moi Sextus qui se défie
Ne connoît pas encor tout le cœur de Tullie.
Non, ne lui laissons plus ignorer un secret
Que ma tendre amitié lui cachoit à regret.
Clodomir, devenu le fils du grand Pompée,
Ne pourra me blâmer de l'avoir détrompée.
Unissons-les; donnons à César un rival
Dont le nom seul pourra lui devenir fatal.
Essayons cependant de fléchir un barbare,
Pour suspendre les coups que sa main nous prépare;
Mais s'il veut s'emparer du pouvoir souverain,
A son ambition nous pourrons mettre un frein.
Dieu puissant des Romains, indomtable Génie,
Aujourd'hui dieu du meurtre et de la tyrannie,
Si je ne puis changer tes décrets immortels,
Fais-moi du moins mourir au pied de tes autels.

FIN DU PREMIER ACTE.

ACTE SECOND.

SCÈNE I.

OCTAVE, MÉCÈNE.

OCTAVE.

Oui, Mécène, je sais qu'une ardente vengeance
A souvent confondu le crime et l'innocence ;
Qu'à des yeux prévenus le mal paroît un bien ;
Que la haine est injuste et n'examine rien :
Mais je sais encor mieux qu'une aveugle clémence,
Loin d'arrêter le crime, en nourrit la licence.
Plus on doit épargner les hommes vertueux,
Plus il faut des méchants faire un exemple affreux.
Quel que soit mon courroux, il est si légitime
Qu'il ne me permet pas le choix d'une victime.
Le seul infortuné digne de mes regrets,
Dont la mort flétriroit à jamais nos décrets,
C'est l'orateur fameux pour qui Rome m'implore,
Et qu'un funeste amour me rend plus cher encore,
Le divin Cicéron, dont le nom glorieux
Triomphera toujours dans ces augustes lieux.
Je veux le rendre aux pleurs de l'aimable Tullie,
Et le sauver des coups de l'indigne Fulvie.

Tu l'as vu cette nuit : conçois-tu quelque espoir
Qu'il veuille en ma faveur employer son pouvoir ?
Il est bon qu'en public il prenne ma défense,
Pour disposer le peuple à plus d'obéissance ,
Et que par ses amis il inspire au sénat
De réunir en moi tout le triumvirat.
César, pour rétablir l'état en décadence ,
Crut devoir s'emparer de la toute-puissance ;
Il sentit (et j'ai dû le sentir comme lui)
Qu'il ne faut aux Romains qu'un seul maître aujourd'hui.

MÉCÈNE.

Cicéron désormais n'a qu'un désir unique ;
C'est de vous voir, seigneur, sauver la république,
D'Antoine qu'il méprise abaisser la grandeur,
Devenir du sénat l'ame et le protecteur :
Sur tout autre projet il sera peu flexible.
Cependant à vos soins il m'a paru sensible.
Essayez d'engager ce fier républicain
A vous laisser jouir du pouvoir souverain :
C'est sur ce point qu'il faut le vaincre ou le séduire.
Cicéron, dès qu'il peut vous servir ou vous nuire,
Ne vous laisse qu'un choix, le perdre, ou le sauver.
Le plus digne de vous est de le conserver.
Son amitié, son nom, ses conseils, sa prudence ,
Son crédit au sénat, surtout son éloquence,
Deviendroient votre appui dans un péril pressant.

OCTAVE.

Rien n'est si dangereux, dans un état naissant,
Que ces hommes de bien que le public admire ;
Qui, sur le préjugé d'un vertueux délire,

Crébillon. 3.   10

N'embrassent le parti des autels ou des lois,
Que pour tyranniser les peuples ou les rois.
J'aperçois Cicéron ; laisse-nous seuls, Mécène.
Que sa douleur me trouble et me cause de peine !

SCÈNE II.

OCTAVE, CICÉRON.

OCTAVE.

A votre nom célèbre on doit trop de respect,
Pour croire que le mien vous puisse être suspect.
Quoique des triumvirs il ait lieu de se plaindre ,
Cicéron près de moi sait qu'il n'a rien à craindre.
Comme il s'agit de Rome, à ce nom si chéri
Je suis sûr de trouver votre cœur attendri,
Et que vous me verrez ici sans répugnance.

CICÉRON.

Comment avez-vous pu désirer ma présence ?
César, en quel état vous offrez-vous à moi ?
Ah ! ce n'est ni son fils ni César que je voi :
Vos mains n'en ont que trop souillé la ressemblance,
Et Rome n'en peut trop pleurer la différence.
Malheureux ! pouvez-vous, sans l'inonder de pleurs,
Sur son sein déchiré déployer vos fureurs ?
O César, ce n'est pas ton sang qui l'a fait naître :
Brutus qui l'a versé méritoit mieux d'en être ;
Le meurtre des vaincus ne souilloit point tes pas ;
Ta valeur subjuguoit, mais ne proscrivoit pas ;
Si tu versois du sang pour soutenir ta gloire,
De ta clémence en pleurs tu parois la victoire.

Et vous, sans redouter l'exemple de sa mort,
Vous semblez n'envier que son funeste sort :
Peu jaloux d'hériter de ses sages maximes,
Cruel, vous ne songez qu'à parer des victimes.

OCTAVE.

D'un reproche odieux qui blesse mon honneur,
Cicéron, modérez l'indiscrète rigueur.
Mais, pour justifier un discours qui m'étonne,
Et que mon amitié cependant vous pardonne,
César que vous venez de placer dans les cieux,
Et que pour m'abaisser vous égalez aux dieux,
En quels lieux, répondez, a-t-il perdu la vie ?
Fut-ce aux bords de la Seine, ou dans Alexandrie ?
Est-ce aux champs de Pharsale, où pour votre bonheur
La victoire à genoux couronnoit sa valeur ?
Non ; ce fut au sénat, et dans le sein de Rome,
Que l'on osa trancher les jours de ce grand homme.
Et vous m'osez blâmer de répandre le sang
De ceux dont la fureur lui déchira le flanc !
Quel autre ai-je proscrit, orateur téméraire ?
Je voudrois en pouvoir couvrir toute la terre :
Quelque sang qu'à sa mort j'ose sacrifier ,
Je n'en connois aucun digne de l'expier.
Du meurtre de César condamner la vengeance,
C'est des plus noirs forfaits consacrer la licence.

CICÉRON.

Un meurtre, quel qu'en soit le prétexte ou l'objet,
Pour les cœurs vertueux fut toujours un forfait.
Mais les républicains ne se font pas un crime
D'immoler un tyran, même digne d'estime :

Ils ne regardent point leur tyran comme un roi
Qu'élève au dessus d'eux la naissance ou la loi ;
Et, sans avoir pour lui les lois ni la naissance,
César osa des rois s'arroger la puissance.
Non que des conjurés j'approuve la fureur :
Je déteste leur crime, encor plus son vengeur ;
Car vous multipliez à tel point les supplices,
A Brutus vous cherchez tant de nouveaux complices,
Qu'il semble que César renaisse chaque jour,
Et que chacun de nous l'assassine à son tour.
Contre un peuple à genoux armer la tyrannie,
De l'univers entier détruire l'harmonie,
Et de ses ennemis se défaire à son choix ;
Rendre le glaive seul l'interprète des lois ;
Employer, pour venger le meurtre de son père,
Des flammes ou du fer l'odieux ministère ;
Donner à ses proscrits pour juges ses soldats ;
Du neveu de César voilà les magistrats.
Qui vous a confié l'autorité suprême ?

OCTAVE.

Le besoin de l'état, mon épée, et moi-même.
Et de quel droit enfin osez-vous aujourd'hui
Interroger César, et César votre appui ?
Revenez d'une erreur qui vous seroit fatale :
Un homme tel que moi ne veut rien qui l'égale.
Dès que César n'est plus, et qu'il revit en moi,
Qui d'entre les Romains doit me donner la loi ?
Croyez-vous rétablir, par votre politique,
D'un peuple et d'un sénat l'union chimérique ?

Ce n'étoit qu'un vain nom dès le temps de Sylla,
Qui s'est évanoui depuis Catilina.
Si de nos Scipions les jours pouvoient renaître,
Ce n'est que sous moi seul qu'on les verroit paroître;
Mais vous voyez assez qu'il n'est aucun espoir
De remettre les lois dans leur premier pouvoir.
Le glaive qui vous fit gagner tant de victoires,
Et qui de nos exploits embellit tant d'histoires;
Le glaive qui vous fit triompher tant de fois,
Vous subjugue à son tour, et triomphe des lois.
Dès qu'il faut obéir, le parti le plus sage
Est de savoir se faire un heureux esclavage.
La liberté n'est plus qu'un bien d'opinion;
Le nom de république, une autre illusion
Dont il faut rejeter l'orgueilleuse chimère,
Source de trop de maux pour vous être encor chère.
Qu'espérez-vous enfin, quand tout est renversé,
Quand le sénat n'est plus qu'un troupeau dispersé?
Où sont vos légions pour soutenir la gloire
De ce corps dont sans vous on perdroit la mémoire?
En vain vous prétendez affranchir les Romains
Du joug qu'ils imposoient au reste des humains :
L'univers nous demande une forme nouvelle,
Et Rome un empereur qui commande avec elle.
Trop heureux les Romains si pour ce haut emploi
Ils n'avoient désormais à redouter que moi !
Mon collègue insolent vous fait assez connoître
Que d'un emploi si noble il se rendroit le maître,
Si vous pouviez souffrir qu'il osât s'en saisir;
Mais vous me choisirez si vous savez choisir.

10.

Le cruel triumvir demande votre tête :
Son crédit l'obtiendra si le mien ne l'arrête.
Un intérêt si cher doit nous concilier.
Pour mieux réduire Antoine, il faut nous allier.
Vos vertus, vos malheurs, mon amour pour Tullie,
Mon honneur, tout m'engage à vous sauver la vie.
Vous fûtes autrefois mon premier protecteur;
Votre bouche long-temps s'ouvrit en ma faveur;
Je vous dois mes grandeurs, une amitié sincère.
Aimez-moi, Cicéron, et devenez mon père.

CICÉRON.

Abdique, je t'adopte, et ma fille est à toi,
Pourvu qu'elle consente à te donner sa foi,
Qu'elle daigne accepter l'époux de Scribonie,
Et qu'au sort d'un César elle veuille être unie.
Je doute cependant qu'élevée en mon sein,
Un tyran, quel qu'il soit, puisse obtenir sa main.
Elle vient, tu pourras t'expliquer avec elle;
Si tu l'aimes, tu dois la prendre pour modèle.
Rentre dans ton devoir, sois Romain; à ce prix
Tu deviendras bientôt son époux et mon fils :
Mais si tu veux toujours tenir Rome asservie,
Tu peux quand tu voudras me livrer à Fulvie.

(Il sort.)

SCÈNE III.

OCTAVE, seul.

L'EXCÈS où Cicéron vient de s'abandonner
M'éclaire, et d'un complot me le fait soupçonner.

C'est lui qui doit trembler, et c'est lui qui menace !
Sans Brutus ou Sextus, il auroit moins d'audace.

SCÈNE IV.

TULLIE, OCTAVE.

TULLIE.

TANDIS que pour lui seul je venois en ces lieux,
Cicéron tout-à-coup disparoît à mes yeux ;
Je n'en ai pas moins vu qu'une peine mortelle
Accabloit son grand cœur d'une douleur nouvelle.
Se peut-il qu'un objet si digne de pitié
Ne puisse triompher de votre inimitié ?
Languissant, malheureux, sans amis, sans défense,
Auroit-il de César essuyé quelque offense ?
J'ai vu que tout en pleurs il s'éloignoit de vous,
Et vos yeux sont encore enflammés de courroux.

OCTAVE.

Si les vôtres daignoient lire au fond de mon ame,
Ils seroient peu troublés du courroux qui l'enflamme,
Et vous jugeriez mieux des sentiments d'un cœur
Digne de s'enflammer d'une plus noble ardeur.
Quelque haine que fasse éclater votre père,
Pour oser le haïr sa fille m'est trop chère.
Je n'oublîrai jamais qu'en vous donnant le jour,
C'est à lui que je dois l'objet de mon amour.
Ah ! loin de l'outrager, c'est Cicéron lui-même
Qui venge ses chagrins sur un cœur qui vous aime.
Plus il est malheureux, plus je m'attache à lui,
Surtout depuis qu'il n'a que moi seul pour appui.

C'est pour lui conserver et les biens et la vie,
Que j'arme contre moi la cruelle Fulvie.
Lorsque César enfin s'offre pour votre époux,
Cicéron est encor plus injuste que vous.

TULLIE.

Je vous croyois toujours l'époux de Scribonie.
Mais avec vos pareils malheur à qui s'allie !
A vous voir d'un hymen nous imposer la loi,
On croiroit que César peut disposer de moi ;
Et qu'au mépris des lois, au défaut du divorce,
Il peut quand il voudra m'obtenir par la force ;
Et qu'enfin, au dessus d'un citoyen romain,
Il veut de ses amours traiter en souverain.
Encor si vous aviez abdiqué la puissance,
Ou plutôt d'un tyran abdiqué l'arrogance,
Vous pourriez à vos vœux permettre quelque espoir.

OCTAVE.

Si j'osois abdiquer le souverain pouvoir,
Quel rang pourrois-je offrir désormais à Tullie ?

TULLIE.

Le rang d'un citoyen père de la patrie,
D'un Romain qui ne sait briguer d'autres honneurs
Que ceux dont la vertu couronne les grands cœurs.

OCTAVE.

Prévenu, comme vous, des chimères romaines,
Si de l'autorité j'abandonnois les rênes
Pour régler ma fortune au gré de mon amour,
Antoine voudra-t-il abdiquer à son tour ?

TULLIE.

Eh ! que peut m'importer que le cruel abdiquè,
Dès que nous n'avons plus ni lois ni république ?
Impérieux amant, qui me parlez en roi,
Savez-vous que Brutus est moins Romain que moi ?
Régnez si vous l'osez ; mais croyez que Tullie
Saura bien se soustraire à votre tyrannie.
Si du sort des tyrans vous bravez les hasards,
Il naîtra des Brutus autant que de Césars.

OCTAVE.

De la part de Tullie un dédaigneux silence
Eût été plus séant que tant de violence.
Je ne m'attendois pas qu'un si cruel mépris
De tout ce que j'ai fait dût être un jour le prix.
De l'ingrat Cicéron j'ai souffert les caprices,
Sans me plaindre de lui ni de ses injustices ;
Votre père au sénat m'a cent fois outragé ;
Dans ses emportements il n'a rien ménagé ;
Avec mes ennemis son cœur d'intelligence
N'a jamais respiré que haine et que vengeance ;
Tandis qu'avec ardeur je combattois les siens,
Cicéron à me perdre encourageoit les miens ;
Je viens d'en essuyer la plus sanglante injure,
Sans qu'elle ait excité le plus léger murmure ;
Et l'on m'outrage, moi ! je suis un inhumain,
Dont sans crime, à son gré, l'on peut percer le sein !
Pourquoi ? parcequ'on veut arracher aux supplices
Du meurtre de César l'auteur et les complices,
Et que le furieux qui lui perça le flanc
S'abreuve dans le mien du reste de son sang.

César, qui jusqu'au ciel vit élever sa gloire,
Immortel ornement du temple de mémoire;
César, indignement traîné dans le sénat,
N'est point encor vengé d'un si noir attentat :
Et si je veux vous plaire, il faut que je l'oublie;
Que je laisse un champ libre au père de Tullie,
Qui veut que de César les lâches meurtriers
Rentrent dans le sénat couronnés de lauriers,
Et que, sacrifiant à Brutus son idole,
J'aille de son poignard orner le Capitole !

TULLIE.

Auriez-vous prétendu qu'à vos ordres soumis
Cicéron à vos coups dût livrer ses amis;
Que, de vos cruautés spectateur immobile,
Son cœur désespéré vous laisseroit tranquille?

OCTAVE.

D'autres soins le devroient occuper aujourd'hui.
Antoine, avec fureur soulevé contre lui,
Me demande à grands cris le sang de votre père.
Notre hymen peut sauver une tête si chère.
Quoique d'un triumvir tout soit à redouter,
A peine sur ce point on daigne m'écouter :
Le péril cependant redouble, et le temps presse.
Au sort de Cicéron Rome qui s'intéresse
Sans doute avec plaisir verroit notre union
Le terme spécieux de la proscription.
Devenez de la paix le lien et le gage;
C'est l'unique moyen de dissiper l'orage.
Je vois ce qui vous flatte en ce cruel instant;
C'est le frivole honneur d'un refus éclatant :

Mais ne présumez pas que je me détermine
A me priver d'un rang que le ciel me destine;
Si je m'en dépouillois, ce seroit me livrer
Au premier assassin qui voudroit s'illustrer.

TULLIE.

Après ce fier aveu, je crois, pour vous confondre,
N'avoir à votre amour que deux mots à répondre.
Je ne vous aime point. J'aimerois mieux la mort,
Que de me voir un jour unie à votre sort.
Cependant, si César veut déposer l'empire,
A son fatal hymen je suis prête à souscrire;
Dût mon cœur indigné n'y consentir jamais,
Je me sacrifirai pour le bien de la paix :
Mais, si vous usurpez l'autorité suprême,
Vous pouvez de mon sang teindre le diadème.
Que ne peut ma mort seule en relever le prix,
Et sauver de vos coups tant d'illustres proscrits !

OCTAVE.

Ah ! c'en est trop : songez, orgueilleuse Tullie,
Que c'est vous qui livrez votre père à Fulvie.

(Il sort.)

SCÈNE V.

TULLIE, seule.

Barbare, que mon cœur ne peut trop dédaigner,
Nous saurons mieux mourir que tu ne sais régner.
Dieux cruels, épuisez sur moi votre colère,
Ou de son désespoir daignez sauver mon père.

O Romains ! que l'honneur de mériter ce nom
Coûte cher si l'on veut imiter Cicéron !
Tout est perdu pour moi,

SCÈNE VI.

CLODOMIR, TULLIE.

CLODOMIR.

           JE vous cherchois, madame.
Quel trouble à mon aspect s'empare de votre ame !
Quoi ! vous levez au ciel vos yeux baignés de pleurs !
N'ai-je donc pas assez éprouvé de malheurs ?
Les premiers n'ont que trop exercé ma constance.
Ah ! Tullie, autrefois ma plus chère espérance ,
Pardonnez à mon cœur quelques transports jaloux :
L'heureux César va-t-il devenir votre époux?

TULLIE.

Eh ! plût au ciel n'avoir d'autre malheur à craindre !
Vous et moi nous serions peut-être moins à plaindre,
Offrez à ma douleur de plus dignes objets.
Accablé de ses maux, consumé de regrets,
Mon père avant sa mort veut que notre hyménée
Éclaire de ses feux cette horrible journée.
Eh ! que lui servira d'unir des malheureux
Menacés comme lui du sort le plus affreux ?
Quel temps a-t-on choisi pour me faire connoître
Un époux qui n'aura qu'un seul moment à l'être ?
Sextus, mon cher Sextus, renoncez à ma main ;
Ce n'est pas moi qui dois borner votre destin.

Lorsque j'ai désiré que vous fussiez Pompée,
Hélas ! qu'en ce souhait mon ame s'est trompée !
A peine mon amour voit combler ce désir,
Que je perds à-la-fois Sextus et Clodomir.
Pourquoi de votre nom m'a-t-on fait un mystère ?

SEXTUS.

J'ai cru devoir moi-même y forcer votre père ;
Je craignois de jeter dans un cœur généreux
Trop d'effroi, s'il avoit à trembler pour nous deux.
D'ailleurs, convenoit-il au fils du grand Pompée
De se montrer ici sans éclat, sans armée,
Lui qui ne prétendoit s'offrir à vos regards
Qu'en protecteur de Rome et vainqueur des Césars ?
Et que ne veut-on pas quand l'amour est extrême ?
Clodomir désiroit d'être aimé pour lui-même :
Sextus sans votre amour pouvoit-il être heureux ?
Mais en d'autres climats venez combler mes vœux.
Vous pleurez ! Depuis quand votre cœur intrépide
N'oppose-t-il au sort qu'un desespoir timide ?
Je viens de rassembler quelques soldats épars,
Dispersés sous leurs chefs autour de ces remparts :
Vous les trouverez tous ardents à vous défendre ;
Et si de la valeur le succès doit dépendre,
J'espère que la mienne y pourra concourir,
Ne dût-il m'en rester que l'honneur de mourir.
Dès que pour vous dans Rome il n'est plus d'espérance,
Allons de la Sicile implorer l'assistance.
Ma flotte nous attend ; je règne sur les eaux :
Engageons votre père à fuir sur mes vaisseaux.

Il est honteux pour lui de se laisser proscrire.
Vous avez sur son cœur un souverain empire ;
Venez : faisons-lui voir qu'un glorieux retour
Peut le mettre en état de proscrire à son tour.
S'il veut m'accompagner, je réponds de sa vie ;
Et l'amour couronné répondra de Tullie.

FIN DU SECOND ACTE.

ACTE TROISIÈME.

SCÈNE I.

CICÉRON, TULLIE, SEXTUS.

CICÉRON.

Héritier des vertus du plus grand des Romains,
Si digne de mémoire et des honneurs divins,
Adoré dans la paix, redouté dans la guerre,
Qui vit parer son char du globe de la terre,
Fils de Pompée enfin, à cet auguste nom
Vous daignez allier celui de Cicéron !
Je ne vous ceindrai point le front d'un diadème ;
Je n'ai plus de trésor que cet autre moi-même.
O mon fils ! puisse-t-il faire votre bonheur,
Et vous être aussi cher qu'il le fut à mon cœur !
Et vous, unique bien que le destin me laisse,
Délices de ma vie, espoir de ma vieillesse,
Qui n'avez plus pour dot que mon ame et mes pleurs,
Puissiez-vous n'hériter jamais de mes malheurs !
Je veux, avant ma mort, que ma main vous unisse.
J'ai promis à Sextus ce tendre sacrifice :
Mais, après cet hymen qui va combler vos vœux,
Fuyez, éloignez-vous d'un père malheureux.

Je ne veux plus vous voir dans une triste ville
Où les morts même ont peine à trouver un asile.
Approchez, mes enfants ; venez, embrassez-moi :
Jurez-vous dans mon sein une constante foi :
De nos derniers adieux scellons une alliance
Que nous désirions tous avec impatience.
Que vois-je ? On se refuse à mes embrassements !

TULLIE.

Qu'exigez-vous de nous dans ces cruels moments ?
Quoi ! lorsqu'avec bonté votre amour nous assemble,
Ne nous unissez-vous que pour mourir ensemble ?
Et comment sans frémir pouvez-vous ordonner
A Sextus comme à moi de vous abandonner ?
Quel nouveau désespoir contre nous vous anime ?
De nos soins mutuels nous feriez-vous un crime ?
C'est vous-même, seigneur, qui dans ce triste jour
Me faites malgré moi douter de votre amour.
Quoi ! ce père, l'objet de toute ma tendresse,
Qui me cherchoit encor quoiqu'il me vît sans ce-
Ce père, qui sembloit ne vivre que pour moi,
Ne pourra désormais me voir qu'avec effroi !
Quel transport imprévu de votre ame s'empare ?
Apprenez-vous d'Octave à devenir barbare ?
La flotte de Sextus nous attend tous au port ;
Faites-vous sur vous-même un généreux effort.
C'est votre fille en pleurs, cette même Tullie,
Du père le plus tendre autrefois si chérie,
Qui, la mort dans le sein, vous demande à genoux
De ne lui point ravir ce qu'elle tient de vous.

Ma vie est dans vos mains, et ne tient qu'à la vôtre;
Daignez en ce moment nous suivre l'un et l'autre.
Ce lieu n'est point encore entouré de soldats
Qui puissent observer ou retenir vos pas;
Nous pouvons en secret gagner les bords du Tibre :
Mon père, suivez-nous, puisque vous êtes libre,
Et que vous n'êtes pas au nombre des proscrits.

CICÉRON.

Ah ! c'est moins par respect pour moi, que par mépris,
Ne pouvant m'effrayer, Antoine m'humilie :
C'est pour flétrir mon nom que le cruel m'oublie.
Si sa main m'eût proscrit, l'univers auroit su
Que parmi ces héros du moins j'aurois vécu.
Pour braver mes tyrans, je veux mourir dans Rome :
En implorant ses dieux, c'est moi seul qu'elle nomme.
Je ne priverai point de mes derniers soupirs
Ce lieu qui fut l'objet de mes premiers désirs.
J'ai tant vécu pour moi, si peu pour ma patrie,
Que je veux dans son sein du moins finir ma vie.
Si je fuyois, César, qui me redoute encór,
A ses projets bientôt donneroit plus d'essor.

SEXTUS.

Cessez de vous flatter d'une espérance vaine :
César aime Tullie, et craint peu votre haine.
Dans ses murs malheureux Rome va succomber :
Croyez-vous qu'avec elle il soit beau de tomber,
Lorsqu'en lui conservant un ami si fidèle
Nous pouvons espérer de renaître avec elle ?
N'avons-nous pas ailleurs des secours assurés,
La Sicile, Brutus, Rhodes, les conjurés ?

11.

CICÉRON.

Qui? moi, mon fils, que j'aille, errant dans la Sicile,
Allumer le flambeau d'une guerre civile !

SEXTUS.

Eh ! comment pouvez-vous désormais.l'éviter ?
Ce n'est pas vous d'ailleurs qui l'allez susciter.
Il n'est point aujourd'hui de climat sur la terre
Qui puisse être à l'abri des fureurs de la guerre :
Traversez l'univers de l'un à l'autre bout,
Vous trouverez la guerre et des Romains partout,
Enfants infortunés d'une ville déserte
Qui ne peut plus sentir vos soins ni votre perte.
Pourquoi vous obstiner à mourir dans ses murs ?
Donnons-lui des secours plus brillants et plus sûrs.
Croyez-vous qu'il sera pour vous plus honorable
D'être aux yeux de César traîné comme un coupable,
Pour servir de risée au soldat furieux,
Qui fera peu de cas d'un nom si glorieux ?
Rome n'est plus qu'un spectre, une ombre en Italie,
Dont le corps tout entier est passé dans l'Asie.
C'est là que notre honneur nous appelle aujourd'hui :
Rendons-nous à sa voix, et marchons avec lui.
Ce n'est pas le climat qui lui donna la vie,
C'est le cœur du Romain qui forme sa patrie;
Qui doit s'intéresser à Rome plus que moi ?

(Il montre la statue de Pompée renversée.)

Voyez ces monuments de douleur et d'effroi ;
Ces marbres mutilés, dont le morne silence
N'en demande pas moins de sang pour leur vengeance.

Il ne leur reste plus que le nom précieux
D'un héros que l'on vit marcher égal aux dieux.
Votre sort est écrit sous ce nom redoutable,
A tout mortel fameux exemple formidable;
Et pour le prévenir vous n'avez qu'à vouloir.
La honte suit toujours un lâche désespoir.
Il vaut mieux se flatter d'un espoir téméraire,
Que de céder au sort dès qu'il nous est contraire :
Il faut du moins mourir les armes à la main,
Le seul genre de mort digne d'un vrai Romain.
Mais mourir pour mourir n'est qu'une folle ivresse,
Triste enfant de l'orgueil, nourri par la paresse.
Ranimez-vous, mon père, et soyez plus jaloux
De la haute vertu que j'admirois en vous.

CICÉRON.

S'il est vrai que Sextus la respecte et l'admire,
Qu'il règle donc ses soins sur ceux qu'elle m'inspire.

SEXTUS.

C'est-à-dire, seigneur, que pour vous imiter
Il faut mourir ensemble, et ne nous point quitter.

CICÉRON.

Ah ! Sextus, quoi ! c'est vous qui voulez que je fuie !
Non, ne vous flattez pas que je passe en Asie,
Ni que, des conjurés empruntant le secours,
De mes jours malheureux j'aille flétrir le cours.
Rien ne peut m'engager à quitter l'Italie.
Cependant je suis prêt, pour contenter Tullie,
A sortir avec vous de ce triste palais.
La nuit, à Tusculum nous nous joindrons après :

Au bois le plus prochain ma fille ira m'attendre:
Dans deux heures, Sextus, ayez soin de vous rendre
Avec quelques soldats au pont Sublicien.
Le temps ne permet pas un plus long entretien:
Adieu. Mais avant tout je veux revoir Mécène.

SCÈNE II.

TULLIE, SEXTUS.

TULLIE.

Ah Sextus ! notre fuite est encore incertaine :
Mécène à Cicéron fera changer d'avis,
Et les plus généreux ne seront pas suivis:
On vient : éloignez-vous ; c'est César qui s'avance.

SEXTUS.

Il seroit dangereux d'éviter sa présence :
Le tyran nous a vus ; je me rendrois suspect
Si je disparoissois à son premier aspect.
Il croit que sur ses bords la Seine m'a vu naître ;
Et d'ailleurs je crains peu César, quel qu'il puisse être.

SCÈNE III.

OCTAVE, SEXTUS, TULLIE.

OCTAVE.

Je cherchois Cicéron : je veux encor le voir,
Quoique sa dureté me laisse peu d'espoir....
Mais que fait près de vous ce Gaulois, dont l'audace
Semble vouloir ici me disputer la place?

TULLIE.

Quel rang près de Tullie auriez-vous prétendu ?
Pour croire qu'à tout autre il seroit défendu ?

OCTAVE.

En des lieux où je crois pouvoir parler en maître,
Sans mes ordres exprès on ne doit point paroître,
Et surtout un Gaulois. Qu'il retourne en son camp ;
C'est parmi ses soldats qu'il trouvera son rang.

SEXTUS.

Depuis quand sommes nous sous ton obéissance,
Pour oser me parler avec tant d'arrogance ?
Le sort de mes pareils ne dépend point de toi :
Je ne relève ici que des dieux et de moi.
Aux lois du grand César nous rendîmes hommage ;
Mais ce ne fut jamais à titre d'esclavage.
Comme de la valeur il connoissoit le prix ,
Il estimoit en nous ce qui manque à son fils.
Sans le fer des Gaulois, le César qui me brave
Eût vu borner sa gloire au simple nom d'Octave.

OCTAVE.

Qu'entends-je ? Holà, licteurs.

TULLIE.

César, modère-toi.
Apprends que ce guerrier est ici sur ma foi ,
Sur celle des Romains, dont tu n'es pas le maître ,
Malgré tous les projets que tu formes pour l'être.
Si tu te plains de lui, pourquoi l'outrageois-tu ?
Penses-tu n'outrager que des cœurs sans vertu ?
S'il te faut des garants, je réponds de la sienne ;
Commence à nous donner des preuves de la tienne.

Si de l'humanité tu méconnois la voix,
Des peuples alliés respecte au moins les droits.
Sois humain, généreux, et cesse de proscrire,
Si tu veux sur les cœurs t'établir un empire.
L'art de se faire aimer et celui de régner
Sont deux arts que ton père auroit dû t'enseigner.
Mais en vain tu prétends livrer à ta vengeance
Un guerrier qui n'est point soumis à ta puissance :
Jusqu'au dernier soupir je défendrai ses jours.

OCTAVE.

Ingrate, qui des miens voulez trancher le cours,
Et de mes ennemis me rendre la victime,
Vous justifiez trop le courroux qui m'anime.
Ce n'est pas d'aujourd'hui que cet audacieux,
Qui veut ne relever que de vous et des dieux,
Dans ses divers complots plus ardent que vous-même,
Brave des triumvirs l'autorité suprême.
Je sais qu'il a sauvé Messala, Métellus,
Lucilius, Pison, les fils de Lentulus :
Mais, malgré son orgueil, je lui ferai connoître
Que je puis à mes lois l'immoler comme un traître.

SEXTUS.

En sauvant tes proscrits, j'ai fait ce que j'ai dû :
Ton père en pareil cas eût loué ma vertu.
Toi-même, applaudissant à mes soins magnanimes,
Tu devrois me louer de t'épargner des crimes,
Et rougir, quand tu crois être au dessus de moi,
Qu'un Gaulois à tes yeux soit plus Romain que toi.
Viole nos traités, punis-moi d'aimer Rome,
Et d'oser de nous deux être le plus grand homme.

OCTAVE.

Téméraire étranger, tu m'apprends mon devoir ;
Et ta mort....

TULLIE.

Si ma voix est sur toi sans pouvoir,
De ce rival des dieux interroge l'image ;
(Elle lui montre la statue de César.)
Que sa clémence au moins devienne ton partage.
Du grand nom de César si tu veux hériter,
Dans ses soins vertueux commence à l'imiter.
Épargne ce guerrier ; je demande sa vie :
Ose me refuser.

OCTAVE.

Imprudente Tullie,
Qui voulez de régner me donner des leçons,
Que ne me donnez-vous de plus nobles soupçons ?
De la vertu du moins empruntez le langage.
J'aurois trop à rougir d'en dire davantage.
Mais je ne crois pouvoir mieux vous humilier,
Qu'en vous abandonnant le soin de ce guerrier,
Que je crois en effet plus digne de clémence,
Qu'il ne se croit encor digne de ma vengeance.
(aux licteurs.)
Adieu. Vous, suivez-moi.

SCÈNE IV.
SEXTUS, TULLIE.

TULLIE.

Sextus, qu'avez-vous fait ?

SEXTUS.

Trop peu pour mon courroux, puisqu'il est sans effet.
Tout César n'est ici qu'un objet de colère.
Héritier de l'ingrat qui détruisit mon père,
Octave n'est pour moi qu'un rival odieux
Dont l'orgueilleux mépris m'a rendu furieux.
Tenté plus d'une fois d'en punir l'insolence....
Qu'il rende de ses jours grace à votre présence.

TULLIE.

Sextus, ce fier rival n'en est pas un pour vous ;
Un amant méprisé ne fait point de jaloux.
Mais un grand cœur doit-il céder sans espérance
Aux dangereux appas d'une aveugle vengeance ?
Ah ! quand même à César on donneroit la mort,
Son trépas seul peut-il relever votre sort ?
Tout vous promet ailleurs de hautes destinées,
Qui sans gloire, en ces lieux, se verroient terminées.
Fuyons, mon cher Sextus : fuir n'est un déshonneur
Que pour ceux dont on peut soupçonner la valeur :
Fuyons, loin de tenter des efforts inutiles.
Tandis qu'en ce palais on nous laisse tranquilles,
Allons sans plus tarder rejoindre Cicéron.
La vertu de Mécène, exempte de soupçon,

Ne nous en doit pas moins alarmer sur son zèle.
Je vois sur son départ que mon père chancelle :
Courons le raffermir. Octave est violent ;
Pour nous perdre tous trois il ne faut qu'un moment.

SEXTUS.

Ah ! ne redoutez rien ; je connois la prudence
De ce nouveau tyran peu sûr de sa puissance.
Comme il me croit Gaulois, et qu'il a besoin d'eux,
Il craint trop d'irriter ces peuples dangereux.

SCÈNE V.

SEXTUS, TULLIE, PHILIPPE.

TULLIE.

JUGEZ de ses frayeurs à l'objet qui s'avance ;
C'est l'affranchi chargé du soin de sa vengeance,
Qui vient vous immoler, ou s'assurer de vous.
Ah ! Sextus, laissez-moi m'offrir seule à ses coups.

SEXTUS.

Vous exposer pour moi, c'est m'outrager, Tullie.
M'enviez-vous l'honneur de défendre ma vie ?
(à Philippe.)
Approche, digne chef des infâmes humains
Que César entretient pour ses lâches desseins.

PHILIPPE, à part.

Quel trouble dans mon cœur élève sa présence !
O mes yeux, contemplez : voilà sa ressemblance,
Le port majestueux de cet homme divin
Qui tout percé de coups vint mourir sur mon sein.

Crébillon. 3. 12

Hélas ! si c'étoit lui.... Mais puis-je méconnoître
Et les traits et la voix de mon auguste maître ?
Quelle horreur en ces lieux règne de toutes parts !
Dieux ! quel spectacle affreux vient frapper mes regards !

(Il s'appuie sur les débris de la statue de Pompée.)

Chers débris, monuments de la fureur d'Octave,
Arrosez-vous des pleurs d'un vertueux esclave ;
Ou plutôt revivez, triste objet de mes vœux ,
Et venez recevoir l'ame d'un malheureux.
Je me meurs.

TULLIE.

Que dit-il ? et qu'est-ce qui l'arrête ?

SEXTUS.

Avance ; à m'immoler ta main est-elle prête ?
Que vois-je ? quel mortel se présente à mes yeux ?
Grands dieux ! n'est-il donc plus de vertu sous les cieux ?
L'erreur qui me flattoit malgré moi se dissipe.
Qui m'eût dit qu'à regret je reverrois Philippe ?
Ce fidèle affranchi du plus grand des mortels,
Qui sembloit avec lui partager ses autels,
Que ses derniers soupirs avoient couvert de gloire ;
Ce Philippe, autrefois si cher à ma mémoire,
Qui sut de la vertu m'aplanir les chemins,
Philippe est devenu chef de mes assassins !
Tu pleures, cœur ingrat ! Que de torrents de larmes
Il faudroit pour laver tes parricides armes !
Va, comble tes forfaits : si tes barbares mains
N'ont point assez trempé dans le sang des Romains,

Viens, cruel, dans le mien ennoblir ton épée;
Plonge-la dans le sang du malheureux Pompée.

PHILIPPE.

Ah Sextus !

SEXTUS.

Serois-tu capable d'un remord?

PHILIPPE.

Écoutez-moi, mon maître, ou me donnez la mort.
Daignez vous rappeler l'histoire de ma vie :
D'aucun crime jamais elle ne fut flétrie.

SEXTUS.

Lève-toi.

PHILIPPE.

Non, seigneur; souffrez qu'à vos genoux,
Avant que de mourir, je m'explique avec vous.

SEXTUS.

Lève-toi.

PHILIPPE.

Se peut-il que mon illustre élève
Contre un infortuné s'indigne et se soulève?
A-t-il pu soupçonner un cœur tel que le mien
De vouloir enfoncer un poignard dans le sien?

(Il montre la statue de Pompée.)

Hélas ! depuis la mort de ce maître adorable,
Je n'ai fait que gémir de son sort déplorable.
Octave, prévenu que j'avois mérité
Qu'un maître pût compter sur ma fidélité,

Me prévint, et bientôt m'accorda son estime.
On sait que ce tyran s'est fait une maxime
D'attacher à son sort les hommes généreux
Qui par quelques vertus se sont rendus fameux.
C'est ainsi que j'ai su gagner sa confiance :
Mais, dans l'art de tromper imitant sa science,
Philippe n'a jamais trempé dans ses forfaits,
Et Rome n'a de moi reçu que des bienfaits.
Mais c'est par d'autres soins qu'un esclave fidèle
Doit vous justifier son amour et son zèle.
Octave ne croit plus que vous soyez Gaulois :
Votre noble fierté, les accents de la voix,
Vos soins pour les proscrits échappés vers Ostie,
Et l'ardeur que pour vous fait éclater Tullie,
Alarment à tel point ce cœur né soupçonneux,
Qu'il voudroit vous pouvoir sacrifier tous deux;
Et, sans bien pénétrer quelle est votre origine,
Il veut que cette nuit ma main vous assassine,
Sans croire cependant que vous soyez Sextus :
Mais il vous croit du moins un ami de Brutus.
Il vient de me quitter pour passer chez Fulvie :
Je crains qu'à Cicéron il n'en coûte la vie.
Les moments vous sont chers, et c'est fait de vos jours
Si de ceux du tyran je n'abrège le cours.
Pour sauver l'un de vous, il faut immoler l'autre :
Choisissez du trépas de César, ou du vôtre.
Rien n'est sacré pour moi dès qu'il s'agit de vous.

SEXTUS.

L'assassinat, Philippe, est indigne de nous.

Avant que d'éclater tu pouvois l'entreprendre ;
Mais, instruit du projet, je dois te le défendre.
Je m'en ferois un crime après l'avoir appris,
Et l'on t'eût pardonné de l'avoir entrepris.

PHILIPPE.

On ne peut trop louer un soin si magnanime :
Mais je vois d'un autre œil l'autel et la victime.
Le destin n'a point mis des sentiments égaux
Dans l'ame de l'esclave et celle du héros.
Mon devoir le plus saint, c'est de sauver mon maître.
Qui d'Octave ou de vous aujourd'hui le doit être ?
César ne fut jamais ni mon dieu, ni mon roi ;
Et le plus fier tyran n'est qu'un homme pour moi.
Si, pour vous soutenir, une égale fortune
Rendoit entre vous deux la puissance commune,
Et que de l'immoler vous eussiez le dessein,
Sextus pourroit ailleurs chercher un assassin.
Mais s'armer du poignard qu'un lâche nous destine,
Ce n'est que le punir alors qu'on l'assassine.
Se laisser prévenir est moins une vertu,
Que l'imbécillité d'un courage abattu.
Il ne vous reste plus qu'une fuite douteuse :
Pour le fils de Pompée elle seroit honteuse.
Bientôt de toutes parts vous serez observé :
Prévenez donc le coup qui vous est réservé.

TULLIE.

Rejetez les conseils que Philippe vous donne ;
Mais fuyons, puisqu'ainsi votre honneur nous l'ordonne.
Allons trouver mon père, et remettons aux dieux
Le soin de nous sauver de ces funestes lieux.

PHILIPPE.

Moi, je vais retrouver César : daignez attendre
Que je sois en état du moins de vous défendre.
Vous verrez, si mon bras ne peut vous secourir,
Que Philippe avec vous est digne de mourir.

FIN DU TROISIÈME ACTE.

ACTE QUATRIÈME.

SCÈNE I.

CICÉRON, seul.

Orgueilleux monuments d'une grandeur passée
Qui par celle des dieux n'étoit point effacée;
Et vous, marbres sacrés de nos premiers aïeux,
Qui faisiez l'ornement de ces superbes lieux;
En vain, de vos travaux célébrant la mémoire,
Rome a cru de vos noms éterniser la gloire :
Bientôt vous ne serez qu'un horrible débris,
Et de nouveaux objets de larmes et de cris.
Déjà les rejetons de vos tiges fameuses,
D'Antoine et de César victimes malheureuses,
N'offrent plus à nos yeux qu'un mélange confus
De morts et de mourants dans la fange étendus.
(Il jette les yeux sur le tableau des proscriptions, et il y
    voit son nom.)
Mais, parmi tant d'horreurs, quelle gloire imprévue
Vient ranimer mon cœur et briller à ma vue ?
Mon nom ne sera plus étouffé dans l'oubli,
Et dans ses dignités le voilà rétabli.
Enfin je suis proscrit : que mon ame est ravie !
Je renais au moment qu'on m'arrache la vie.

Héros infortunés, souffrez que ce tableau
Me serve, ainsi qu'à vous, de trône et de tombeau.
Je mourrai dans ton sein, ô ma chère patrie !
Eh ! que ne peut mon sang épuiser la furie
Des cruels triumvirs qui s'abreuvent du tien !
Qu'avec plaisir pour toi j'aurois donné le mien !
Au milieu des tourments je serois mort tranquille.
Je vivois pour toi seule, et je meurs inutile.
Quelqu'un vient. C'en est fait; voici l'heureux instant
Qui va livrer ma tête au glaive qui l'attend.
Mais je l'espère en vain; c'est le sage Mécène,
Qu'une pitié cruelle en tremblant me ramène,
Et qui me croit peut-être accablé de douleur
A l'aspect du seul bien qui peut toucher mon cœur.

SCÈNE II.

MÉCÈNE, CICÉRON.

MÉCÈNE.

MALGRÉ les soins divers dont vous étiez la proie,
Je lis dans vos regards une secrète joie
Qui dissipe ma crainte et flatte mon espoir.
César l'augmente encor dès qu'il veut vous revoir.
Ah ! Cicéron, souffrez que je vous concilie.
Pour triompher d'Antoine, et pour braver Fulvie,
Accordez votre fille aux soins officieux
D'un ami qui voudroit pouvoir l'unir aux dieux :
Renoncez à l'orgueil de ces vertus austères
Qu'en des temps moins cruels se prescrivoient nos pères.

Ce n'est qu'en se pliant à la nécessité
Que l'on peut des tyrans tromper l'autorité.
Un torrent n'a jamais causé plus de ravage
Que lorsqu'à son courant on ferme le passage.
Laissez-le s'écouler, et nous donnez la paix :
Couronnez par ce don tous vos autres bienfaits.

CICÉRON.

César vous auroit-il chargé de la conclure,
Rebuté d'outrager les dieux et la nature ?
Moins pressé de la soif de grossir ses trésors,
Vous auroit-il promis de respecter les morts,
De ne point dépouiller leurs enfants et leurs femmes
Des biens que ce cruel prodigue à des infâmes ?
Ignorez-vous encor que des édits nouveaux
Ordonnent de fouiller jusque dans les tombeaux ;
Que son avidité, par des lois inhumaines,
Impose des tributs jusqu'aux dames romaines ?
Vous fait-il espérer que de notre union
L'instant sera la fin de la proscription ?

MÉCÈNE.

C'est pour vous que d'hier César l'a suspendue.

CICÉRON.

Eh bien ! sur ce tableau daignez jeter la vue.

(Il lui montre le tableau de la proscription.)

Pour mieux me distinguer, c'est mon funeste nom
Qui seul en fait le prix.

MÉCÈNE.

                    Dieux ! quelle trahison !
César auroit dicté cet arrêt sanguinaire !
Mais non : je reconnois la main du téméraire

Qui seul aura tracé cet horrible décret.

Eh ! quel autre qu'Antoine eût commis ce forfait ?

César jusqu'à ce point eût-il flétri sa gloire ?

Si je l'en soupçonnois, ou si j'osois le croire,

Loin de tenter encor de le justifier,

Je serois le premier à le sacrifier.

S'il est vrai que César ait voulu vous proscrire,

Sur ce même tableau je vais me faire inscrire.

Adieu. Si je ne puis vous sauver de ses coups,

Vous me verrez combattre et mourir avec vous.

SCÈNE III.

CICÉRON, seul.

Eh ! qu'importe à César que nous mourions ensemble,

Et qu'un même supplice aux enfers nous rassemble ?

Que je plains ton erreur, aveugle courtisan,

Si tu crois par ta mort attendrir un tyran !

SCÈNE IV.

OCTAVE, CICÉRON.

CICÉRON.

Je le vois ; terminons ma course infortunée

Par l'emploi que m'avoit commis ma destinée.

Parlons : fassent les dieux que mes derniers accents

Ne se réduisent point à des cris impuissants !

OCTAVE.

Cicéron en ces lieux n'a-t-il point vu Mécène ?

CICÉRON.

Je ne l'ai que trop vu pour accroître ma peine.

Mais sur un autre point, César, écoute-moi ;
C'est l'unique faveur que j'exige de toi.
Je vois avec pitié que ta rigueur extrême
Attirera bientôt la foudre sur toi-même.
Si, pour nous accabler de maux et de douleurs,
La terre a ses tyrans, le ciel a ses vengeurs.
Crains, malgré ton pouvoir, que quelque main hardie
Ne te punisse un jour de tant de barbarie.
Quels monstres ont jamais immolé des enfants ?
Peut-on trop respecter ces êtres innocents ?
Hélas ! de tes fureurs victimes lamentables,
Leurs mères ne sont pas pour toi plus redoutables,
Et cependant tu veux les priver de leurs biens :
César leur eût plutôt prodigué tous les siens.
C'étoit par des bienfaits qu'il vengeoit une injure :
Son fils, pour se venger, détruiroit la nature.
Est-ce ainsi que tu veux succéder à César,
Ce héros qui traînoit tous les cœurs à son char ?
Imite sa bonté ; crois-moi, fais-nous connoître
Que tu peux l'égaler, le surpasser peut-être.

OCTAVE.

Et pourquoi n'imputer qu'à moi seul ces décrets
Dont Rome a ressenti de si cruels effets ?
Antoine est-il pour eux un dieu plus favorable ?

CICÉRON.

Eh ! qui pourroit fléchir ce tigre inexorable,
Dans l'ivresse, l'orgueil et le luxe allaité,
Monstre que le destin n'a que trop bien traité,
Et qui, pour ton malheur, nourri dans le carnage,
N'a pour toute vertu qu'une valeur sauvage ?

César, dès qu'il s'agit d'avoir recours aux dieux,
Qui d'Antoine ou de toi leur ressemble le mieux ?
Le ciel de ses bienfaits t'enrichit sans mesure ;
Respecte les faveurs que te fit la nature.
Que n'as-tu pas reçu de sa prodigue main ?
Tous les dons d'un génie au dessus de l'humain.
Lorsqu'il ne tient qu'à toi d'être adoré dans Rome,
Te sied-il d'être Antoine, ou de n'être qu'un homme ?
Sois César, sois un dieu : tu le peux, tu le dois ;
Trop heureux que le sort te laisse un si beau choix !

OCTAVE.

Tu n'auras pas en vain recours à ma clémence ,
Ni d'un sexe timide embrassé la défense.
Je souscris à tes soins ; je veux en ta faveur
Abolir ces décrets qui te font tant d'horreur.
Au sort des malheureux une ame si sensible
Pour moi seul aujourd'hui sera-t-elle inflexible ?
Je viens sur ta fierté faire un dernier effort.
Qu'avec mon amitié la tienne soit d'accord.
Je ne refuse rien lorsque ta voix m'implore :
Laisse-moi triompher du fiel qui te dévore ;
Réunissons deux cœurs divisés trop long-temps
Pour des cœurs vertueux, j'ose dire aussi grands.

CICÉRON.

Octave, tu me fis admirer ton enfance :
J'attendois encor plus de ton adolescence ;
Tu m'as trompé. Les cœurs remplis d'ambition
Sont sans foi , sans honneur et sans affection :
Occupés seulement de l'objet qui les guide,
Ils n'ont de l'amitié que le masque perfide ;

Prodigues de serments, avares des effets,
Le poison est caché même sous leurs bienfaits.
La gloire d'un grand homme est pour eux un supplice,
Et pour lui tôt ou tard devient un précipice.
Je n'espère plus rien, et je crains encor moins.
Garde pour tes amis tes bontés et tes soins;
Pour en être, il faudroit aimer la tyrannie.

OCTAVE.

Déchire le bandeau d'une aveugle manie,
Erreur dont ton orgueil s'est laissé prévenir;
Et rougis des discours que tu m'oses tenir.
Que peut me reprocher ton injuste colère ?
Qu'ai-je fait, qu'avant moi n'eût fait ici mon père ?
N'obéissoit-on pas lorsque César vivoit ?

CICÉRON.

Sois seulement son ombre, et je suis ton sujet.
Du bonheur des humains sage dépositaire,
En faisant toujours bien, ne songe qu'à mieux faire :
Sois clément, vertueux, et rétablis les lois;
Je serai le premier à te donner ma voix.
Mais, tant que je verrai des tigres en furie
Déchirer les enfants de ma triste patrie,
Je ferai de mes cris retentir l'univers,
Et je les porterai jusque dans les enfers.

OCTAVE.

Pour me livrer la guerre avec plus d'assurance,
Des hommes et des temps pèse la circonstance.
Mon père n'eut jamais que sa gloire à venger;
Ainsi César pouvoit pardonner sans danger :

Crébillon. 3.   13

Pour un autre César il n'eut point à proscrire.
Qui d'ailleurs eût osé lui disputer l'empire ?
Je ne suis entouré que de vils sénateurs,
Opprobre des humains, lâches perturbateurs,
Que se fût immolés la justice ordinaire,
Dont Brutus a voulu lui-même se défaire,
Et que ce meurtrier n'a laissés dans ces lieux
Que pour m'assassiner ou me rendre odieux :
Car de mes ennemis l'indigne politique
Ne tend qu'à me charger de la haine publique.
Mais en de vains discours c'est trop nous engager :
Je ne suis pas venu pour me faire juger.
Pour la dernière fois je demande Tullie.

CICÉRON.

Faut-il que jusque-là ta grandeur s'humilie ?
D'un amour simulé laissons là les attraits.
Va, je t'ai pénétré plus que tu ne voudrois.
Les doux liens du cœur, étrangers dans ton ame,
Ne triompheront point de l'ardeur qui t'enflamme :
C'est la soif de régner, voilà ce que tu veux :
Mais, comme il faut voiler ce projet dangereux,
Tu veux en imposer par l'hymen de Tullie ;
Faire croire aux Romains, puisqu'à toi je m'allie,
Que j'épouse à mon tour ta haine et ta fureur,
En faveur d'un hymen qui me comble d'honneur ;
Si je t'ouvre un chemin à la grandeur suprême,
Que je l'aplanis moins pour toi que pour moi-même ;
Et qu'enfin c'est moi seul qui dicte tes arrêts :
Prétexte spécieux de m'immoler après.

OCTAVE.

Si j'avois de te perdre une secrète envie,
Qui pourroit m'engager à retenir Fulvie ?
Imprudent orateur, songe que ton orgueil
A de tes intérêts toujours été l'écueil.
S'il me faut, pour régner, l'appui d'une famille,
Qu'ai-je besoin, dis-moi, de toi ni de ta fille ?
Ingrat, si tu jouis de la clarté du jour,
Apprends que tu ne dois ce bien qu'à mon amour.
Vois ton nom.

CICÉRON.

   Je l'ai vu, César ; je t'en rends grâce.
Mais il ne s'agit pas du sort qui me menace ;
Il s'agit des Romains. Pour la dernière fois,
D'un ami malheureux daigne écouter la voix.

OCTAVE.

Je n'écoute plus rien d'un ami si perfide.
Ce n'est pas l'intérêt de Rome qui te guide :
Ce fameux Clodomir, ce rival odieux,
Qu'avec tant de secret tu cachois en ces lieux,
Injurieux objet d'une lâche tendresse,
Est le seul où ton cœur aujourd'hui s'intéresse.
C'est l'amant de Tullie : ose me le nier.

CICÉRON.

Je ne chercherai pas à m'en justifier.
Pourquoi de ce rival te ferois-je un mystère ?
A-t-il trempé ses mains dans le sang de ton père ?
Ou, si c'est un forfait que d'aimer les Romains,
Implacable tyran, détruis tous les humains.

C'est dans la cruauté que brille ton courage.

CENTER OCTAVE.

Ah ! c'est pousser trop loin le mépris et l'outrage.
Adieu ; je t'abandonne à mon inimitié.

CENTER CICÉRON.

Va, fuis ; je l'aime mieux encor que ta pitié.
Celle de tes pareils à-la-fois déshonore
Et celui qu'elle épargne et celui qui l'implore.

SCÈNE V.

CICÉRON, seul.

MAIS que sont devenus mes enfants malheureux,
Depuis l'instant fatal qui m'a séparé d'eux ?
Ma fille dans sa fuite a-t-elle été surprise ?
Ou Sextus auroit-il manqué son entreprise ?
Hélas ! de Tusculum s'ils ont pris le chemin,
Dans mes tristes foyers ils m'attendront en vain ;
Je ne reverrai plus ce couple que j'adore.
Eh ! puis-je désirer de le revoir encore ?
J'obtiens le seul honneur que j'avois souhaité,
Et du moins je pourrai mourir en liberté....

SCÈNE VI.

CICÉRON, SEXTUS, TULLIE.

CICÉRON.

MAIS je vois mes enfants. Chers témoins de ma joie,
C'est pour la partager que le ciel vous envoie.
Le destin va bientôt terminer mes malheurs,
Et mon sort est trop beau pour mériter des pleurs.

Viens, ma fille ; jouis des honneurs de ton père :
Vois, lis sur ce tableau la fin de ma misère.
Sextus , vous m'avez vu le front humilié
Que parmi ces grands noms le mien fût oublié.
Je me plaignois à tort des mépris d'un barbare ;
Pardonnons-lui tous deux un affront qu'il répare.

TULLIE.

Seigneur, est-ce donc là ce destin glorieux
Qui doit être pour nous si grand, si précieux ?
Mourir dans les tourments, victime de Fulvie,
C'est mourir dans l'opprobre et dans l'ignominie.
Eh ! comment, sans rougir d'un si cruel transport,
Pouvez-vous avec joie annoncer votre mort ?
Changerez-vous toujours d'avis et de conduite ?
Un grand cœur doit avoir plus d'ordre et plus de suite.
A peine vous formez un généreux dessein,
Qu'à l'instant même il est banni de votre sein.
A l'amour paternel un faux honneur succède ;
Et, plus le mal est grand, plus on fuit le remède.
César ne vous a point encore abandonné :
Si nous mourons, c'est vous qui l'aurez ordonné.
Vous le savez, la mort n'a rien qui m'épouvante :
Des cœurs infortunés c'est la plus douce attente.
Ce qui me fait gémir, c'est de voir votre cœur
S'honorer d'un trépas qui n'est qu'un déshonneur.
Mais, de ce même fer dont l'amour de Tullie
S'est armé pour défendre une si belle vie,
Si vous vous obstinez à rester en ces lieux,
Je saurai, malgré vous, m'immoler à vos yeux.

13.

CICÉRON.

Ah ! ma fille, étouffez ce transport téméraire.

SEXTUS.

Mon père, il vous apprend ce que vous devez faire.
Se peut-il qu'un grand cœur se montre si jaloux
Des honneurs qu'un esclave obtiendroit comme vous ?,
Quel misérable orgueil pour une ame romaine !
Ah ! loin de nous vanter une gloire si vaine,
Rougissez de vous voir proscrit sur ce tableau.
C'est dans le ciel qu'il faut inscrire un nom si beau.
Des plus nobles proscrits je viens d'armer l'élite ;
C'est à mourir entre eux que l'honneur nous invite.
Laisserez-vous périr ces guerriers généreux
Qui s'exposent pour vous au sort le plus affreux ?
Un Romain, tant qu'il veut, peut rétablir sa gloire :
C'est en cherchant la mort qu'il trouve la victoire.
Lorsqu'il faut terminer ses déplorables jours,
Est-ce au fer des bourreaux qu'il faut avoir recours ?

CICÉRON.

Ah ! je n'aspire point aux honneurs de la guerre :
Le ciel ne m'a point fait pour désoler la terre,
Ni pour briller dans l'art des travaux meurtriers.
Ainsi que ses vertus, chacun a ses lauriers.
Et que peut m'importer, dès qu'il faut que je meure,
Quelle main me viendra marquer ma dernière heure ?
Lorsqu'on ne peut plus vivre, il faut savoir mourir,
Et se rendre quand rien ne peut nous secourir.
A quoi me servira votre valeur suprême,
Plus terrible cent fois pour moi que la mort même ?

Tullie est un héros au dessus du trépas,
Qui viendra s'élancer à travers les soldats.
Voulez-vous qu'à mes yeux on égorge ma fille,
Et l'héritier qui peut relever ma famille?
Et comment osez-vous hasarder nos amis,
Dès que le moindre espoir ne nous est plus permis?'
Dans l'ardeur de tenter une vaine défense,
Les ferez-vous périr pour toute récompense?

SEXTUS.

Eh bien! si rien ne peut nous sauver de la mort,
Nous mourrons tous du moins dignes d'un meilleur sort.

CICÉRON.

C'est parler en soldat dont l'ardente manie
Méprise également et la mort et la vie.
Je suis père, et je dois mieux penser qu'un amant
Qui ne consulte plus que son emportement.
On n'en veut qu'à moi seul en ce moment funeste;
Faut-il imprudemment sacrifier le reste?
Mon sang apaisera la fureur des tyrans.
Ah! laissez-lui l'honneur de sauver mes enfants;
Calmez les fiers transports de ce cœur indomtable:
Ma mort est désormais un mal inévitable.
Ma fille, qui n'a plus d'autre soutien que vous,
Aura-t-elle à pleurer son père et son époux?
Adieu, mon cher Sextus; adieu, chère Tullie:
Pour m'aimer plus long-temps, conservez votre vie.
On vient. Ah! c'en est fait. Dieux! quel moment affreux!
Hélas! pour ma défense ils se perdront tous deux.

SCÈNE VII.

CICÉRON, SEXTUS, TULLIE, PHILIPPE.

PHILIPPE, à Sextus.

Vos amis, assemblés sous diverses cohortes,
Pour vous accompagner sont déjà loin des portes.

(à Tullie.)

Madame, en ce moment daignez suivre ses pas.
Du sort de Cicéron ne vous alarmez pas.
Octave, qui ne veut que semer l'épouvante,
A cru, pour ébranler votre ame trop constante,
Devoir ranger son nom au nombre des proscrits ;
Mais, malgré le courroux dont son cœur est épris,
Il ne peut consentir à livrer votre père.
Ainsi ne craignez rien de sa feinte colère.

(à Cicéron.)

Loin de vouloir, seigneur, en terminer le cours,
Il vient de m'ordonner de veiller sur vos jours.
Marchons à Tusculum, tandis qu'avec Tullie
Sextus ira se rendre au rivage d'Ostie.

CICÉRON.

Adieu, triste témoin de mes vœux superflus :
Palais infortuné, je ne vous verrai plus.

FIN DU QUATRIÈME ACTE.

ACTE CINQUIÈME.

SCÈNE I.

OCTAVE, seul.

Je le connois enfin, ce rival trop heureux
Que pour nous son nom seul rendoit si dangereux,
L'audacieux Sextus, que César trop facile
Laissa vivre, ou plutôt régner dans la Sicile,
Et dont il n'est sorti que dans le noir dessein
De me plonger peut-être un poignard dans le sein.
Le traître n'a que trop attenté sur ma vie
En séduisant le cœur de l'ingrate Tullie.
Que de soins différents m'agitent tour à tour!
Un peuple mutiné, l'ambition, l'amour.
Sont-ce donc là les biens que tu cherchois, Octave,
Et dont pour ton honneur tu n'es que trop esclave?
Règne, puisque tu veux soumettre l'univers;
Mais, en l'en accablant, partage moins ses fers.
Sextus qui te bravoit échappe à ta vengeance.
Avec une valeur égale à sa naissance,
Que n'ai-je point encore à redouter de lui?
Voilà ce qui me doit occuper aujourd'hui.
Sans être secouru que de sa seule épée,
Sextus par ses exploits fait revivre Pompée:

Nous le verrons un jour disputer avec nous
Un fardeau dont le poids ne paroît que trop doux.
Mais je saurai bientôt prévenir son attente :
Immolons à-la-fois Sextus et son amante.
Heureusement Tullie est encor dans nos mains,
Et de Rome son père a repris les chemins ;
Bientôt Hérennius, qui devoit l'y conduire,
De son sort, quel qu'il soit, aura soin de m'instruire.
Mais Mécène paroît.

SCÈNE II.

OCTAVE, MÉCÈNE.

OCTAVE.

CHER ami, que mon cœur
Avoit besoin de toi pour calmer ma douleur !
Philippe m'a trahi : cet esclave infidèle,
Que je croyois si sûr et si rempli de zèle,
Par ses fausses vertus abusant mes esprits,
Étoit d'intelligence avec tous les proscrits.
C'est lui qui les a tous sauvés de ma poursuite,
Et qui seul de Sextus a préparé la fuite.

MÉCÈNE.

Philippe n'a jamais mieux rempli son devoir
Qu'en trompant votre haine et votre fol espoir.
Et, d'ailleurs, devoit-il vous livrer son élève ?
A ce nom si chéri déjà l'on se soulève.
Si par malheur Sextus fût resté dans vos mains,
Vous eussiez contre vous armé tous les Romains.

Mais n'êtes-vous point las de tant de barbaries,
Et d'exercer ici l'empire des Furies ?

OCTAVE.

Qu'entends-je ?

MÉCÈNE.

Les discours d'un ami vertueux,
Dont vous approuveriez le zèle impétueux
Si de quelque retour votre ame étoit capable ;
Mais aux cris comme aux pleurs elle est impénétrable.
Vous ne serez que trop entouré de flatteurs,
Et que trop inspiré par de vils délateurs :
C'est l'unique entretien où vous trouviez des charmes.
Je ne puis plus vous voir sans répandre des larmes.
L'ami que j'avois cru digne d'être adoré,
C'est le même par qui je suis déshonoré.
Tandis que c'est lui seul qui détruit, persécute,
Aux pleurs qu'il fait verser c'est moi qui suis en butte.
Vos soldats, rebutés de servir d'assassins,
M'ont déjà reproché vos ordres inhumains.
On diroit qu'en effet votre cœur sanguinaire
Fait du sang des mortels sa substance ordinaire,
Qu'il ne voit qu'à regret des hommes innocents :
Car vous les croyez tous criminels ou méchants ;
Et bientôt à vos yeux, dans son sein déplorable,
Rome n'offrira plus qu'un gouffre abominable
Que vous achèverez de combler de forfaits.
Mais, comme je suis las d'en supporter le faix,
Adieu.

OCTAVE.

Quoi ! c'est ainsi que Mécène me quitte !
D'où peut naître, dis-moi, le transport qui t'agite ?
Ah ! loin de redoubler mon trouble et ma terreur,
De l'état ou je suis adoucis la rigueur.
Tu sais que dès hier j'ai cessé de proscrire.
Antoine, qui jouit avec moi de l'empire,
Pour me perdre d'honneur, par ses détours secrets
Fait passer sous mon nom ses horribles décrets.

MÉCÈNE.

Est-ce à vous de ramper sous les lois d'un infâme
Asservi lâchement aux fureurs d'une femme ?
Triumvir comme lui, libre de tout oser,
Au plus cruel trépas il falloit s'exposer,
Et laver dans son sang une pareille injure.
Un affront vit toujours sur le front qui l'endure ;
Qui ne s'en venge pas est fait pour le souffrir.
On croiroit, à vous voir tour à tour vous flétrir
Par l'odieux trafic des plus illustres têtes,
Que vous vous partagez le fruit de vos conquêtes.
Il abandonne un oncle ; et vous, un protecteur
Dont vous avez long-temps recherché la faveur,
A qui seul vous devez votre grandeur suprême,
Et qu'il falloit sauver aux dépens de vous-même.

OCTAVE.

Cesse de m'effrayer, et me nomme l'objet
Qui fait couler tes pleurs.

MÉCÈNE.

Ingrat ! qu'avez-vous fait ?

Hélas ! hier encore il existoit un homme
Qui fit par ses vertus les délices de Rome,
Mémorable à jamais par ses talents divers,
Dont le génie heureux éclairoit l'univers.
Il n'est plus.... Son salut vous eût couvert de gloire,
Et de vos cruautés effacé la mémoire.
Qu'ai-je besoin encor de vous dire son nom ?
Ah ! laissez-moi vous fuir, et pleurer Cicéron.

OCTAVE.

Qui ? moi, j'aurois livré ce mortel admirable !
Et c'est de ce forfait toi qui me crois coupable !

MÉCÈNE.

C'est en l'abandonnant que vous l'avez livré.
De sang et de fureur votre cœur enivré,
Soigneux de me cacher la moitié de ses crimes,
Laisse au Tibre le soin de compter ses victimes.

OCTAVE.

Ah ! Mécène, un moment du moins écoute-moi :
Je ne veux entre nous d'autre juge que toi.
Moi-même, pour sauver le père de Tullie,
J'ai disposé sa fuite à l'insu de Fulvie,
Et chargé de ce soin Léna, Salvidius,
Soutenus par Philippe et par Hérennius ;
C'est par eux qu'en secret je le faisois conduire,
Sans prévoir que peut-être on pouvoit les séduire.
Comment s'en défier, et surtout de Léna,
Tribun que j'ai reçu de la main d'Agrippa ?
D'ailleurs, à Cicéron Léna devoit la vie.

MÉCÈNE.

C'est à son défenseur lui seul qui l'a ravie.

Crébillon. 3.   14

L'intrépide orateur a vu sans s'ébranler
Lever sur lui le bras qui l'alloit immoler.
« C'est toi, Léna ! dit-il ; que rien ne te retienne.
J'ai défendu ta vie, arrache-moi la mienne.
Je ne me repens point d'avoir sauvé tes jours,
Puisque des miens c'est toi qui dois trancher le cours. »
A ces mots Cicéron lui présente la tête,
En s'écriant : « Léna, frappe ; la voilà prête. »
Léna, tandis que l'air retentissoit de cris,
L'abat, court chez Fulvie en demander le prix.
Un objet si touchant, loin d'attendrir son ame,
N'a fait que redoubler le courroux qui l'enflamme.
Les yeux étincelants de rage et de fureur,
Elle embrasse Léna, sans honte et sans pudeur ;
Saisit avec transport cette tête divine,
Qui semble avec les dieux disputer d'origine,
En arrache.... Épargnez à ma vive douleur
La suite d'un récit qui vous feroit horreur.
Nous ne l'entendrons plus du feu de son génie
Répandre dans nos cœurs le charme et l'harmonie.
Fulvie a déchiré de ses indignes mains
Cet objet précieux, l'oracle des humains :
Mais on ne m'a point dit, après ce coup funeste,
Ce que sa barbarie a pu faire du reste.

OCTAVE.

Eh bien ! sur Cicéron suis-je justifié ?

MÉCÈNE.

Si ce n'est pas César qui l'a sacrifié,
Que de sa mort du moins la plus haute vengeance
De César soupçonné fasse voir l'innocence.

OCTAVE.

Si je m'en vengerai ! Quoi ! tu peux en douter ?
Ta douleur sur ce point n'a rien à redouter :
Ma haine désormais ne peut être assouvie
Qu'en noyant dans son sang l'exécrable Fulvie.
Ce n'est pas Lucius qui m'en fera raison ;
C'est Antoine qui doit payer pour Cicéron.
Si tu m'aimes encor, va me chercher sa fille ;
Je veux de ce grand homme adopter la famille.
De tes cris, de tes pleurs tu m'as importuné ;
Rends-moi de Cicéron le reste infortuné.
Pardonne à mon dépit une fatale feinte
Qui porte à ma tendresse une si rude atteinte.
En croyant l'effrayer, hélas ! je l'ai perdu.
Par pitié, rends sa fille à mon cœur éperdu.
Je ne me connois plus : que mon sort t'attendrisse.

MÉCÈNE.

C'est vouloir de vos maux accroître le supplice.
Eh ! comment osez-vous souhaiter de la voir ?
Pourrez-vous soutenir ses pleurs, son désespoir ?
Peignez-vous les tourments où Tullie est en proie.

OCTAVE.

Ah ! n'importe, Mécène ; il faut que je la voie.

MÉCÈNE.

Il est vrai que Tullie est rentrée en ces lieux,
Et j'ai cru qu'il falloit la soustraire à vos yeux.
Sans vouloir cependant la voir ni la contraindre,
(De son juste courroux que ne doit-on pas craindre ?)
J'ai pris soin seulement qu'en ces moments affreux
On ne l'instruisît point de son sort rigoureux.

N'allez point irriter une ame impérieuse
Dont rien n'arrêteroit la haine audacieuse.
Quels efforts aujourd'hui n'a point tentés son bras
Pour Sextus, entraîné par ses propres soldats !
La dignité des mœurs, la vertu la plus pure,
Ne sont pas les seuls dons que lui fit la nature :
Tullie en a reçu la valeur de Sextus,
Les charmes de son sexe, et le cœur d'un Brutus ;
Et vous la renverrez si vous daignez m'en croire.
Tant d'amour convient-il avec autant de gloire ?
Qu'espérez-vous d'un cœur épris d'un autre amant ?
Faites-en à Sextus un généreux présent.

OCTAVE.

Mes fureurs n'ont que trop justifié sa haine....
C'en est fait, j'y consens ; renvoyons-la, Mécène :
Puisqu'il faut s'occuper de soins plus glorieux.....

SCÈNE III.

OCTAVE, TULLIE, MÉCÈNE.

OCTAVE.

Je la vois.... Juste ciel ! cachons-nous à ses yeux.

TULLIE.

Pourquoi me fuyez-vous, César ? je suis vaincue.
Les soldats de Sextus l'ont soustrait à ma vue :
Vous avez triomphé de moi comme de lui.
Hélas ! dans mes malheurs où trouver un appui ?
Ne redoutez plus rien de la fière Tullie :
Il n'est point de fierté que le sort n'humilie.

Loin de vous refuser à mes tristes regards,
Faites revivre en vous la bonté des Césars.
Si j'ai porté trop loin les mépris et l'audace,

(Elle lui montre la statue de César.)

Au nom de ce héros, daignez me faire grace:
Ah ! seigneur, par pitié rendez-moi Cicéron :
Honorez-nous tous deux d'un généreux pardon.
En des temps plus heureux, votre haine endurcie
Eût été désarmée au seul nom de Tullie.

OCTAVE.

Ce nom n'est point encore effacé de mon cœur :
Un seul jour n'éteint point une si vive ardeur ;
Et des feux que Tullie allume dans une ame
Elle ne sait que trop éterniser la flamme :
Et, malgré le mépris dont vous payez mes vœux,
J'oublie, en vous voyant, que je suis malheureux ;
Et j'ose me flatter que, moins préoccupée,
Vous eussiez respecté César devant Pompée.
Le ciel ne le fit point pour être mon égal ;
Il n'est pas même fait pour être mon rival.

TULLIE.

Ah ! César, est-il temps de me chercher des crimes ?
Daignez vous occuper de soins plus légitimes.
Vous avez trop connu le cœur de Cicéron,
Pour en avoir conçu le plus léger soupçon.
Si de quelque refus vous avez à vous plaindre,
Son austère vertu ne laisse rien à craindre.
A-t-il des conjurés emprunté le secours,
Ou versé dans les cœurs le poison des discours ?

14.

Il a toujours gardé le plus profond silence :
Sa fuite ne peut être un motif de vengeance,
Puisque vous-même avez ordonné son départ.
Philippe étoit d'ailleurs chargé de votre part,
Avec Hérennius, du soin de le défendre.

OCTAVE.

Mais, si vous n'aviez point dessein de me surprendre,
Auriez-vous de Sextus accompagné les pas,
Et pour le soutenir corrompu mes soldats ?

TULLIE.

Quel peut être l'effroi que Sextus vous inspire ?
Ce n'est pas en fuyant qu'on dispute un empire.
L'a-t-on vu contre vous soulever les esprits,
Ou d'un nom redouté ranimer les débris ?
Il en eût recouvré la puissance usurpée,
S'il se fût un moment fait voir comme Pompée.
Ah ! du sort de Sextus ne soyez point jaloux :
Philippe n'a voulu que l'éloigner de vous.
Son maître infortuné, qui n'a plus d'autre asile,
Va sans doute avec lui regagner la Sicile.
Faites-vous un ami de ce jeune héros :
Il est digne de vous par ses nobles travaux.
César, vous ignorez qu'une main meurtrière
Vous auroit, sans Sextus, privé de la lumière.
Tandis que votre haine éclate contre lui,
C'est sa seule vertu qui vous sauve aujourd'hui.
Pour l'en récompenser, permettez que mon père
Aille près de Sextus terminer sa misère :

Prenez en leur faveur des sentiments plus doux.

OCTAVE.

Mais, madame, Sextus est-il donc votre époux ?
Sitôt qu'à votre hymen je ne dois plus prétendre,
Aux vœux de mon rival je consens de vous rendre.

TULLIE.

Ah ! César, vos détours sont trop ingénieux.
Plus sincère que vous, je m'expliquerai mieux.
De Sextus, il est vrai, je dois être l'épouse.
Loin de vouloir tromper votre flamme jalouse,
J'avoûrai sans rougir que nous avons tous deux,
Malgré tant de malheurs, brûlé des mêmes feux :
Mais, quel que soit l'amour qu'il inspire à Tullie,
Si vous m'aimez encor, je vous le sacrifie.
Vous pouvez d'un seul mot rendre mon sort heureux.
Parlez, me voilà prête à contenter vos vœux.
Un si grand sacrifice est le prix de mon père :
Rendez à ma douleur une tête si chère ;
Apprenez-moi du moins ce qu'il est devenu.

OCTAVE.

Hérennius ici n'a point encor paru.
Mécène, en attendant, prenez soin de Tullie :
Je vais sur Cicéron interroger Fulvie.

TULLIE.

Non, César, demeurez.... Mais quel objet nouveau
Vient frapper mes regards sous ce triste tableau ?
Hélas ! je reconnois la céleste tribune
Que mon père occupoit avant son infortune.

C'est de là que, rempli d'un feu toujours divin,
Il sembloit prononcer les arrêts du destin....
Plus j'ose l'observer, plus ma frayeur augmente.
Mécène.... la tribune.... elle est toute sanglante.
Ce voile encor fumant cache quelque forfait.
N'importé, je veux voir.

(Elle monte à la tribune, et lève le voile.)

Dieux ! quel affreux objet!
La tête de mon père ! ... Ah ! monstre impitoyable,
A quels yeux offres-tu ce spectacle effroyable ?

OCTAVE.

L'horreur qui me saisit à ce terrible aspect
Pourroit justifier l'homme le plus suspect.
On n'en peut accuser que la main de Fulvie.

TULLIE.

La tienne a-t-elle moins fait voir de barbarie ?
Ne lui conteste point un coup digne de toi.
O Sextus ! tout est mort et pour vous et pour moi.
Traître, pour assouvir la fureur qui t'anime,

(Elle se tue.)

Tourne les yeux ; voilà ta dernière victime.

FIN.

DISCOURS

ACADÉMIQUES.

DISCOURS

ACADÉMIQUES.

SÉANCE DU JEUDI 27 SEPTEMBRE 1731.

Monsieur DE CRÉBILLON, ayant été élu par
messieurs de l'Académie françoise à la place
de M. DE LA FAYE, prononça le remerciment
qui suit :

M U S E, voici le jour si long-temps attendu,
Jour dont aucun espoir ne m'annonçoit l'aurore ;
Jour heureux, qui pour nous ne luiroit pas encore
Si de nos seuls succès sa course eût dépendu.
Muse, vous le voyez : une troupe immortelle
Daigne vous partager ses honneurs, ses emplois.
Parlez, et s'il se peut justifiez son choix ;
Mais ne prononcez rien qui ne soit digne d'elle.
    Apollon, c'est ici que tu dois m'avouer,
Puisque ta voix m'appelle au temple de mémoire :
Je ne demande rien qui ne soit à ta gloire ;
Ce sont tes favoris que je voudrois louer.
Aucun fiel n'a jamais empoisonné ma plume.
Ferois-je, pour chanter, des efforts superflus ?
Dieu des vers, aux rayons dont brillent tes élus
Souffre pour un moment que mon feu se rallume.

Je les vois tout couverts de tes rayons divins ;
Dans leurs mains chaque jour tu déposes ta lyre.
Ma muse, un jour de gloire est un jour de délire ;
Sers mon audace, et prends la lyre dans leurs mains.

Téméraire, arrêtez, et respectez Minerve :
Elle a, comme Apollon, ses autels en ces lieux.
La raison y préside, et son front sérieux
Se rideroit aux traits d'une indiscrète verve.
Je la vois qui déjà blâme nos vains efforts.
Puisque du moindre excès sa dignité s'offense,
Muse, ne célébrons que ma reconnoissance :
La raison elle-même avoûra nos transports.

Mais quel éclat nouveau tout-à-coup m'environne ?
Sommes-nous sur l'Olympe, ou dans le champ de Mars ?
Quel charme vient d'unir sous mêmes étendards
Les enfants des neuf sœurs aux enfants de Bellone ?
Pourpre, mitres et croix, Mars, Neptune et Thémis,
Tout se confond ici, s'allie et s'humanise.
Sans orgueil avec moi le héros fraternise,
Et je ne crois plus voir qu'une troupe d'amis.

Ame de Richelieu, contemple ton ouvrage,
Qui doit, ainsi que toi, percer la nuit des temps ;
Ces illustres mortels, sans cesse renaissants,
Comme pour t'assurer un éternel hommage.
Dans l'art de gouverner moins ministre que roi,
L'univers, en tremblant, adora ton génie :
Tout plia devant toi dans le cours de ta vie ;
Tu soumets l'avenir, et règnes après toi.

Cependant il n'est plus, ce mortel si célèbre
Qui fit trembler Thétis et le fier dieu de l'Èbre.

Quelle éclipse pour vous ! Et quel astre nouveau
Pouvoit ici du jour ramener le flambeau ?
Mais en sujets la France aussi riche que Rome
En même temps regrette et produit un grand homme.
Armand vous laissoit-il l'espoir d'un successeur ?
Il apparut, cueillit ce sublime héritage.
Et, sur Armand, Séguier eut même un avantage :
Du plus grand des mortels il fut le précurseur.

    Louis, ô nom chéri ! souverain adorable,
Des caprices du sort exemple mémorable,
A tes mânes sacrés nous n'offrons plus de fleurs
Que nos regrets profonds n'arrosent de nos pleurs.
Vous qui l'avez suivi de victoire en victoire,
A-la-fois compagnons et témoins de sa gloire,
Qui de tout votre sang sûtes la consacrer ;
Guerriers, qui mieux que vous pourroit la célébrer ?
Quel roi mérita mieux une auguste louange ?
De dons et de vertus quel précieux mélange !
C'étoit, après les dieux, l'ame de l'univers.
Roi grand par ses exploits, plus grand par ses revers,
La mort termine en vain son illustre carrière :
Ce demi-dieu mortel ressemble à la lumière,
Qui prend de nouveaux feux dans l'ombre de la nuit,
Et semble encor s'accroître au moment qu'elle fuit.

    France, console-toi : Louis vient de renaître.
Des hommes tels que lui peuvent-ils cesser d'être ?
Digne trône d'un roi fameux par ses travaux,
On diroit que le ciel te doive des héros ;
Que le sang des Bourbons, tige heureuse et féconde,
Doive dans chaque enfant donner un maître au monde.

François, loin de gémir sous d'odieuses lois,
Vous retrouvez toujours vos pères dans vos rois.
Votre bonheur constant ne dépend point des Parques.
A peine vous perdez le plus grand des monarques,
Qu'un autre, jeune encor, fait briller des vertus
Que Rome, à quarante ans, admiroit dans Titus.
Juste, clément, pieux, son austère jeunesse
Semble déjà dicter les lois de sa vieillesse.

Un ministre attentif, prudent, religieux,
Fuyant de vains lauriers l'éclat ambitieux,
Qui sait, du bien public sage dépositaire,
User en citoyen du pouvoir arbitraire ;
Aigle de Jupiter, mais ami de la paix,
Il gouverne la foudre, et ne tonne jamais.
Louis, c'est mériter l'empire de la terre,
Que savoir dignement confier son tonnerre.

Tu crains, après ces noms, de reparoître au jour,
La Faye ! Et que crains-tu ? C'est ici ton séjour.
Viens t'y montrer paré de ces graces naïves
Qu'Apollon dans tes vers semble tenir captives.
De ton génie heureux prête-moi la douceur :
Viens toi-même établir ton foible successeur.
De combien d'agréments ta raison fut ornée !
Sur quels objets encor parut-elle bornée ?
Le goût du vrai, du beau ; censeur ingénieux,
Qui sans humilier montroit à faire mieux ;
Le sel athénien, l'urbanité romaine ;
Tour à tour Lélius, Malherbe, ou La Fontaine ;
Aimable paresseux, plongé dans le loisir,
Quel n'eût-il pas été ? Mais sa muse volage,

Parmi tant de talents qui n'avoit qu'à choisir,
Aimoit trop de l'esprit le doux libertinage.
Quelle perte pour vous ! quelle honte pour moi !

    Apollon, je me tais ; j'espérois mieux de toi :
Il faut plus de grandeur quand l'audace est extrême.
Sur ta foi j'ai suivi mon orgueilleux projet :
Tu ne te plaindras pas du moins de mon sujet,
Et tu me le fais croire au dessus de toi-même.

ÉLOGE

DE

M. LE MARÉCHAL DE VILLARS,

PRONONCÉ

dans l'Académie françoise le 9 décembre 1734.

Il n'est plus, ce guerrier dont nos derniers malheurs
Ont immortalisé la prudence et les armes.
Peuples, dont sa valeur dissipa les alarmes,
Élevez-lui du moins un tombeau dans vos cœurs.
Toi, dont le nom préside au temple de mémoire,
Nom par tant de vertus à jamais consacré,
Nom fameux, et toujours foiblement célébré
Malgré ce que nos chants ont redit de ta gloire;
Louis, descends des cieux, parois sur ces autels
Que la terre a dressés au plus grand des mortels;
Ce fut toi : viens placer dans ce temple où tu règnes
Un guerrier qui souvent eut part à tes exploits,
Qui par tant de travaux justifia ton choix;
Et qui sut d'un seul coup relever nos enseignes.
Dans ces temps où ton peuple osa trembler pour toi,
Ces jours marqués de sang, où le sort infidèle
Éprouvoit ton grand cœur pour en faire un modèle,

Ce guerrier seul fléchit les destins de son roi,
Les força de rentrer dans cette obéissance
Qui les tint si long-temps soumis à ta puissance.
Il ne lui restoit plus, après tant de hauts faits,
Après tant de remparts qu'il réduisit en poudre,
Qu'à porter aux vaincus l'olivier de la paix,
De cette même main dont il lançoit ta foudre.
Capitaine, ministre et soldat tour à tour,
Dévouant à son roi tous les temps de sa vie,
L'état, le cabinet, les champs de Mars, la cour,
Partagèrent son cœur sans lasser son génie.
Quels périls pour Louis n'a-t-il pas affrontés !
Combien, pour nous venger, en a-t-il surmontés !
Aucun n'a triomphé de sa valeur suprême.
Ces foudres que l'airain fait voler dans les airs,
Ces foudres inconnus à Jupiter lui-même,
N'étoient pour ce héros que de foibles éclairs :
On eût dit, à le voir poursuivre la victoire,
Qu'ils brilloient seulement pour annoncer sa gloire.
Louis, à ce portrait tu reconnois Villars,
Cet élève ou plutôt ce fier rival de Mars,
Et peut-être le tien. Son ame généreuse,
Quoiqu'il n'eût que toi seul pour but de ses travaux,
De toutes les vertus étoit ambitieuse,
Et les tiennes sans doute ont formé ce héros.
Fridelingue, Denain, batailles mémorables,
Quels succès glorieux m'offrez-vous à chanter !
Vous-mêmes, lieux cruels, mais pour nous honorables,
Où la mort sur ses jours osa presque attenter,
Les lauriers de Villars sur vos champs redoutables

15.

N'ont-ils aucun éclat que nous puissions vanter ?
Cependant quels exploits viendroient se présenter
Au seul ressouvenir de ces temps déplorables !
Déjà tous nos honneurs étoient évanouis ;
L'état sur son déclin, défaite sur défaite
(C'étoit alors le temps des revers de Louis) ;
Nos soldats accablés de honte et de disette,
De désespoir peut-être autant que de langueur,
Hommes quant aux besoins, François pour la valeur.
Leur chef d'un seul coup-d'œil réveille leur audace :
Tous s'offrent en héros au coup qui le menace ;
Et Villars, qui bravoit la mort et le destin,
Appelle, tout sanglant, l'ennemi vers Denain.
C'est là que ce vengeur de la Seine et de l'Èbre
Fit voir qu'à Malplaquet il n'avoit survécu
Que pour rendre, à Denain, sa valeur plus célèbre,
Et qu'un foudre de moins Eugène étoit vaincu.
Ainsi de nos destins fixant la violence,
Villars humilia de superbes vainqueurs,
Fit revivre en un jour leurs anciennes terreurs,
Vengea son roi, soi-même, et rétablit la France.
Tel, et plus grand encor, les Alpes l'ont revu,
Non pas jeune, et tenté d'une fortune illustre
(Au comble des honneurs il étoit parvenu) ;
C'étoit Villars bravant son dix-septième lustre ;
Le premier des François, fortuné, glorieux,
Qui pouvoit, de tous soins exempt par sa vieillesse,
Borner tous ses devoirs aux conseils précieux
D'un chef dont les travaux ont formé la sagesse.
Et quelle gloire encor pouvoit flatter Villars,

Ou relever l'éclat d'une si belle vie ?
Mais Villars étoit né pour servir sa patrie,
Et pour trouver la mort dans les champs des Césars.
Guerriers qui pour Louis signalez votre zèle,
Villars n'aima jamais que l'état et son roi :
Il s'en fit un honneur, un devoir, une loi :
Ne perdez point de vue un si parfait modèle.
Quel roi plus digne encor de régner sur vos cœurs
Doit exciter en vous la généreuse envie
D'armer, pour le servir, ces bras toujours vainqueurs
Dont l'effort fit trembler le Rhin et l'Italie ?
Du siècle de Louis heureux restaurateur,
Louis, nouveau soleil, paroît sur l'hémisphère
Avec tous les rayons de son prédécesseur,
Et toutes les vertus de son auguste père.
Équitable vengeur d'un téméraire affront
Que n'a point dû souffrir l'honneur du diadème,
La justice du ciel semble ceindre elle-même
Les lauriers destinés à couronner son front.
Il est d'autres bienfaits, et qu'un bon roi préfère
A toutes les faveurs qu'il tient des immortels ;
C'est un sujet doué des dons du ministère,
Qui partage avec lui ses devoirs paternels ;
Un ministre éclairé, qui, clément et sévère,
Soutienne également le trône et les autels ;
Qui soit tel que Fleuri, dont les soins éternels
Nous représentent moins un ministre qu'un père.
Règne heureux et brillant ! tu nous rends à-la-fois
Nos plus vaillants guerriers, nos plus sages ministres :
Tu nous rends avec eux le plus grand de nos rois.

France, tu ne crains plus d'évènements sinistres.
Du plus hardi soldat rivaux et compagnons,
Deux soldats adoptés par le dieu de la Thrace,
Héritiers des vertus et du sang des Bourbons,
Signalent à l'envi leur zèle et leur audace.
Le vainqueur de Rocroi, fécond en successeurs,
Condé, qui, pour le nom, la gloire et les honneurs,
N'eut au dessus de lui que les dieux et son maître,
L'intrépide Condé vient encor de renaître.
Vous qui, formé d'un sang et si noble et si beau,
Joignez à sa splendeur la valeur la plus fière;
Qui d'un sentier pour vous étranger et nouveau
Trouvez, du premier pas, la route familière;
Clermont, tous vos aïeux, héros dès le berceau,
N'ont pas plus dignement commencé leur carrière.
Poursuivez; votre cœur est fait pour les hasards.
Qu'avec vous et Conti, déjà plus redoutables,
Nos guerriers sur vos pas soient toujours indomtables.
Vous devez cette gloire aux mânes de Villars,
Ce héros qui, pliant sous le faix des années,
Eût cru voir au mépris les siennes condamnées,
Et que de ses lauriers il eût flétri l'éclat,
Si son dernier soupir n'eût été pour l'état.

SÉANCE PUBLIQUE DU 25 AOÛT 1741.

Cinquante ans après la réception de M. DE
FONTENELLE, l'Académie françoise, ayant
jugé à propos de célébrer une époque si rare,
et de donner des marques particulières de son
estime à cet illustre académicien, le nomma
directeur par acclamation; et M. DE CRÉBILLON
lui adressa ces vers :

Toi * qui fus animé d'un souffle d'Apollon,
Dépositaire heureux de son talent suprême,
Esprit divin qui n'eus d'autre pair que lui-même,
Héros de Melpomène et du sacré vallon,
Parois; nous consacrons une fête à ta gloire,
A ce nom qui suffit pour nous illustrer tous :
Viens voir un héritier digne de ta mémoire
Une seconde fois renaître parmi nous.
Louis, ton règne fut le règne des merveilles;
L'univers est encor rempli de tes hauts faits :
Mais les lauriers cueillis par l'aîné des Corneilles
Font voir que tu fus grand jusque dans tes sujets.
Si ton auguste fils n'a point vu le Permesse
Enfanter sous ses lois ce mortel si fameux,
Il a, dans ses neveux, un sujet que la Grèce
Eût placé dès l'enfance au rang des demi-dieux.

* Le grand Corneille.

Jeune encor, ses écrits excitèrent l'envie :
Mais il en triompha par leur sublimité.
A peine il vit briller l'aurore de sa vie,
Qu'il vous parut déjà dans sa maturité.
S'il cueillit en Nestor les fruits de sa jeunesse,
Dix-sept lustres n'ont point ralenti ses talents :
L'âge, qui détruit tout, rajeunit sa vieillesse :
Son génie étoit fait pour braver tous les temps.
Albion, qui prétend nous servir de modèle,
Croit que Locke et Newton n'eurent jamais d'égaux;
Le Germain, que Leibnitz compte peu de rivaux ;
Et nous, que l'univers n'aura qu'un Fontenelle.
Prodigue en sa faveur, le ciel n'a point borné
Les présents qu'il lui fit au seul don du génie;
Minerve l'instruisit, et son cœur fut orné
De toutes les vertus par les soins d'Uranie.
Loin de s'enorgueillir de l'éclat de son nom,
Modeste, retenu, simple, même timide,
On diroit quelquefois qu'il craint d'avoir raison,
Et n'ose prononcer un avis qui décide.
Illustres compagnons de ce nouveau Nestor,
Assemblés pour lui ceindre une double couronne,
Pour la rendre à ses yeux plus précieuse encor,
Parez-la des lauriers que votre main moissonne.
C'est ici le séjour de l'immortalité.
En vain mille ennemis attaquent votre gloire :
Ces auteurs ténébreux passeront l'onde noire;
C'est vous qui tiendrez lieu de la postérité.
Si les écrits pervers, la noirceur, l'impudence,
Ont fermé votre temple aux hommes sans honneur,

Les talents, le génie et la noble candeur
Ont toujours parmi vous trouvé leur récompense.
Le soin de célébrer le plus grand des mortels
N'est pas, quoique constant, le seul qui vous anime :
Quelquefois des mortels d'un ordre moins sublime
Ont vu brûler pour eux l'encens sur vos autels.
Daignez donc soutenir le zèle qui m'inspire;
Pour chanter Fontenelle il faut plus d'une voix.
Ranimez les accents d'un vieux chantre aux abois,
Ou du moins un moment prêtez-moi votre lyre.
Assidu parmi vous, dix lustres de travaux
Ont déjà signalé sa brillante carrière;
Mais ce ne fut pour vous qu'un instant de lumière :
Condamnez Fontenelle à dix lustres nouveaux.
Pour pénétrer le ciel en ses routes profondes,
Destin, accorde-lui des jours sains et nombreux :
Il en fallut beaucoup pour parcourir les Mondes;
Il en faut encor plus pour contenter nos vœux.

COMPLIMENT

AU ROI

SUR LE RÉTABLISSEMENT DE SA SANTÉ,

le mardi 17 novembre 1744.

S<small>IRE</small>,

Votre majesté vient de voir, dans nos transports
et dans nos acclamations, une image naïve de l'état
déplorable où la crainte de perdre un si digne souverain avoit réduit toute la France; et on ne lira
point sans étonnement que le plus aimable et le
meilleur de tous les rois nous ait coûté plus de
larmes que les tyrans n'en ont jamais fait répandre.
L'admiration des étrangers et l'amour des peuples
furent toujours des objets de la plus noble ambition.
César lui-même se fût estimé trop heureux de pouvoir inspirer ces sentiments dans le cours d'une
longue vie ; et votre majesté, qui les inspira dès
l'enfance, qui les a justifiés chaque jour, nous en a
fait une sorte de religion dans le cours de six mois.

Trop heureux les François, si votre majesté, plus
ménagère d'une vie si précieuse, n'éprouvoit pas
si souvent leur tendresse, et ne leur causoit pas des
alarmes plus terribles pour eux que la haine d'un
ennemi qui, graces à votre valeur, ne leur donne
plus d'autre soin que celui de vous élever des
trophées! Puisse l'Académie françoise, sire, après
avoir partagé si vivement la douleur et la joie de
tant de fidèles sujets, célébrer, au gré de ses vœux,
les vertus d'un si grand maître!

VERS

QUEL orage soudain s'élève et m'environne !
L'épouvante et l'horreur règnent de toutes parts.
Que de gémissements ! l'air mugit, le ciel tonne.
Dieux ! quels tristes objets s'offrent à mes regards !
Où suis-je ? Quoi ! je touche à l'infernale rive !
François infortunés, y portez-vous vos pas ?
Qui vous amène en foule aux portes du trépas ?
J'entends parmi vos pleurs une bouche plaintive
Articuler des mots qui me glacent d'effroi :
« O déplorable sang ! ô malheureuse reine !... »
La reine !... Ah ! c'en est fait, notre mort est certaine :
La France va donc perdre et son père et son roi !
François, le désespoir où votre ame se livre
Doit aller aussi loin que la rigueur du sort.
Si Louis ne vit plus, il faut cesser de vivre :
Pouvons-nous souhaiter une plus digne mort ?
Roi, notre unique bien, quoi ! la Parque perfide
Voudroit porter sur vous une main parricide !...

    Mais quel bruit éclatant vient agiter les airs ?
Quelle étrange lueur roule dans les ténèbres ?
A travers tant d'objets terribles et funèbres,
Je vois quelque clarté pâlir dans les enfers.

Est-ce le dieu des morts qui tient sa cour funeste ?
Mais non ; ce qui paroît n'a rien que de céleste.
Mais quel est donc le dieu que je vois accourir ?
Il tend vers nous les bras ; c'est pour nous secourir.
Mille rayons brillants forment son diadème.
Le dieu des morts n'a point ce port majestueux,
Cet air noble et touchant, ni ce front vertueux.
C'est, je n'en doute plus, Louis-le-Grand lui-même,
Qui vient sécher nos pleurs et calmer nos regrets.
Hélas ! il veille encor sur ses anciens sujets.
Ce roi, qui si long-temps a gouverné la terre,
Règne-t-il en des lieux inconnus au tonnerre ?
On diroit qu'aux enfers il va donner des lois.
Voilà ses traits, ses yeux ; je reconnois sa voix.
« Fermez, dit-il, fermez la retraite des ombres ;
Mon fils n'entrera point dans les royaumes sombres.
S'il mouroit, que d'exploits seroient ensevelis !
Et qui pourra compter les exploits de mon fils ?
Entre César et moi le ciel marque sa place :
Mais les dieux seront lents à terminer ses jours ;
Et, si la gloire a droit d'en prolonger le cours,
Il n'est point de Nestor que son âge n'efface.
François, vous reverrez ce roi si généreux.
Puissent le voir aussi les fils de nos neveux ! »
Il dit, et tout-à-coup les enfers disparoissent,
La mort fuit, le jour vient, et les François renaissent.
    Mais quel éclat nouveau vient embellir ces lieux ?
Passons-nous des enfers dans le séjour des dieux ?
Quels feux étincelants brillent sur l'hémisphère ?
Ah ! si c'étoit Louis ! Mais en vain je l'espère ;

Il est trop occupé de ses nobles travaux ;
Il brave également la mort et le repos.
Qu'est-ce donc que je vois ? C'est un autre lui-même,
La Gloire, je le juge à sa beauté suprême ;
C'est elle en ce moment qui vient nous l'annoncer.
La Gloire prend toujours soin de le devancer.
Hélas ! il est donc vrai, nous allons voir paroître
Ce héros, le plus grand que le ciel ait fait naître !
Venez, voyez, chantez l'aimable souverain
Dont nous a fait présent la faveur du destin.
O François ! peuple heureux, et si digne de l'être,
Venez en rendre grace à votre auguste maître.
C'est lui, c'est sa bonté qui vous rend tous heureux.
Qu'il soit, après le ciel, l'objet de tous vos vœux ;
Qu'en vos temples pour lui sans cesse l'encens fume ;
Que par le peuple épars le salpêtre s'allume ;
Que le feu, s'élançant par éclats dans les cieux,
De leur reconnoissance aille instruire les dieux.

SECONDE PIÈCE DE VERS

PRÉSENTÉE AU ROI

le jeudi 26 novembre 1744.

Dieu des rimeurs, crois-moi, point de querelle,
Ou soutiens mieux tes airs de protecteur.
Qui mieux que moi, ton ancien serviteur,
Dut espérer une grace nouvelle?
Mais qu'as-tu fait de ce jour, le plus beau,
Le plus brillant, le plus doux de ma vie?
Je l'avoûrai, j'ai manqué de génie :
Mais nous pouvons faire un effort nouveau.
Chanter son roi, c'est chanter sa maîtresse :
Il faut toujours la louer bien ou mal;
C'est d'un seul trait signaler sa tendresse,
Et désoler celle de son rival.
Nommer Louis est un préliminaire
Qui va d'abord gagner tous les François.
Ce nom si cher vaut lui seul l'art de plaire :
Ainsi chantons; je réponds du succès.
D'autres que nous, dans la même carrière,
Eussent été sifflés sans la matière :
Tous cependant ont trouvé des lecteurs,
Tant le sujet intéressoit les cœurs.
Disons que Mars, d'accord avec Minerve....
Le beau début ! ô la sublime verve !...

16.

Laisse-moi dire, écoute jusqu'au bout;
Amour nous aide, et Louis sur le tout.
A ses conseils la justice préside,
Et la sagesse y recueille les voix :
Mars exécute, et Minerve décide;
Mais c'est Louis qui leur dicte ses lois,
Qui tour à tour tient le glaive et l'égide,
Père, soldat, et monarque à-la-fois.
Disons qu'il fait honneur à notre espèce,
Grand sans orgueil, redoutable et charmant,....
Est-ce là tout? Pauvre dieu du Permesse !
Sans tes leçons j'en dirois bien autant.

   Va, laisse-moi; je te tiens quitte
   De l'avenir et du présent.
   Tu m'as donné, pour tout mérite,
   Le cruel et morne talent
   De hurler dans la tragédie;
   Tu diras de plus que c'est toi
   Qui m'as mis à l'académie :
   Moi, je t'ai fait parler au roi.

RÉPONSE AUX DISCOURS

PAR M. L'ABBÉ GIRARD ET M. L'ABBÉ DE BERNIS.

Monsieur [1],

Vous avez recherché avec empressement l'académie; c'étoit faire son éloge : elle vous reçoit; c'est faire le vôtre. Heureux si, en nous associant des hommes célèbres qui nous sont indiqués par les suffrages du public, nous n'avions pas de si grandes pertes à déplorer! Celle que nous venons de faire dans la personne de votre illustre prédécesseur nous coûtera des regrets éternels. En vain nous retrouverons en vous ses vertus et ses talents : les mêmes charmes ne sont pas la même personne ; et il est souvent plus aisé d'être dédommagé que consolé. D'ailleurs, l'estime, l'amitié et la reconnoissance perdroient trop de leurs plus belles fonctions, si l'on pouvoit oublier les morts. Un souvenir durable est le plus digne monument que nous puissions ériger aux hommes vertueux. Eh! que ne devons-nous

[1] A M. l'abbé Girard.

point à la mémoire de M. l'abbé de Rothelin ? Ce fut un des plus grands sujets que l'académie ait jamais eus ; recommandable par sa naissance, par son attachement à ses devoirs, par ses liaisons, par ses mœurs ; l'esprit orné, mais naturel, et qui ne connut jamais d'autre art que celui de dire son avis sans humilier celui des autres.

Critique sage, profond et poli, mais ferme lorsqu'il s'agissoit de sacrifier ces endroits défectueux que les auteurs, soit dégoût, soit paresse, ou vanité si l'on veut, cherchent toujours à justifier. Ce seroit peu de dire qu'il aima les lettres ; il les protégea ; et plusieurs d'entre ceux qui les cultivent ne le désavoueront point pour protecteur, ni même pour bienfaiteur. Magnifique, libéral, il ne lui manqua, pour être un second Mécène, que les trésors du favori d'Auguste ; mais s'il ne les eut pas dans les mains, il les eut dans le cœur. L'air de dignité qui donne du relief aux plus grandes vertus ou qui sert du moins à les faire respecter, la décence qui les décore si elle ne les suppose pas toujours, régnoient dans les moindres actions de M. l'abbé de Rothelin, non comme des ornements empruntés pour parer les dehors, mais à titre de qualités personnelles, et nées avec lui. Enfin, il fit honneur à sa naissance, à son état, et à l'académie. Les louanges que je donne à votre prédécesseur, monsieur, sont d'autant moins suspectes, que je suis peut-être, de tous les académiciens, celui qui ai le moins profité du bonheur de l'avoir pour confrère.

Puisque nos usages, monsieur [1], et la fatalité de
mon ministère, me forcent pour ainsi dire de rendre
aujourd'hui les derniers devoirs au mort que vous
remplacez, et que d'ailleurs il est naturel d'entrete-
nir de nos pertes ceux que nous avons choisis pour
les réparer, je viens à M. l'abbé Gédoyn. Si le genre
de vie qu'il avoit embrassé ne lui permit point de
se dévouer au service de l'état, ainsi que ses an-
cêtres, il n'en fut pas moins utile à sa patrie, par
le désir ardent qu'il avoit pour l'accroissement des
lettres, auquel il contribua si long-temps par lui-
même. Son assiduité parmi nous, son attachement
pour la compagnie, non seulement nous le rendi-
rent infiniment cher, mais lui avoient gagné toute
notre confiance; et nous regretterons toujours cette
aimable franchise avec laquelle il nous disoit si souvent et si bien nos vérités : talent désirable dans la
société, mais quelquefois dangereux, à moins qu'il
ne soit soutenu par les qualités qui brilloient dans
M. l'abbé Gédoyn, beaucoup de probité, beaucoup
d'esprit, beaucoup d'érudition, et un grand usage
du monde. Je ne dirai rien de ses ouvrages : ce ne
seroit qu'une répétition de ce que vous en avez dit;
et il seroit difficile de rien ajouter au tour ingénieux
que vous avez pris pour louer votre prédécesseur.
Votre génie a paru jusqu'ici tourner du côté de la
poésie : mais vous avez généreusement sacrifié votre
goût particulier à celui que M. l'abbé Gédoyn avoit
pour l'histoire, en nous donnant vous-même celle

[1] A M. l'abbé de Bernis.

du progrès des lettres en France, et qui amenoit si
naturellement l'éloge de notre fondateur; éloge tant
de fois entrepris, et avec si peu de succès, que l'on
pourroit nous regarder moins comme ses panégy-
ristes, que comme un monument tacite de sa gloire.

Mais c'est le sort de ces mortels fameux que la
vertu élève au-dessus des autres hommes, de ne pouvoir être loués que par leur réputation. En vain les
murs de ce palais retentissent du nom de Louis-le-
Grand. Après beaucoup de louanges, et multipliées
presque à l'infini, qui de nous pourra se flatter de
lui en avoir donné qui fussent dignes de lui? Et
que n'aurons-nous pas à craindre, si nous osons célébrer les vertus de son successeur; de ce roi l'objet
de notre admiration, mais trop souvent le douloureux objet de nos larmes; de ce père aimable qui fait
voir chaque jour avec tant d'éclat, et à la gloire de la
nation, que l'amour prodigieux des François pour
leur souverain n'est pas un amour de caprice? Avec
quelles couleurs enfin peindre un héros que l'on
vient de voir, jeune encore, et à peine échappé au
danger qui menaçoit sa vie, que dis-je? presque
mourant, se frayer tout-à-coup un chemin des
bords de l'Achéron au faîte de la gloire? Ce dernier
trait paroîtra sans doute trop poétique dans un discours en prose : mais, monsieur, en vous adressant
la parole, il étoit bien juste de vous parler un
moment votre langue maternelle.

COMPLIMENT

AU ROI

sur le glorieux succès de sa campagne de 1745.

S IRE ,

Votre majesté, en se couvrant d'une gloire nouvelle, n'a fait que varier nos alarmes. Vous avez
voulu nous payer en héros et en roi des sentiments
d'amour que nous vous devions si naturellement
comme à notre père : mais si nous vous avons vu
partir avec confiance pour les succès; si la nouvelle
d'une grande victoire n'a point étonné vos peuples,
enfin, si vous nous avez accoutumés sans peine à
mépriser l'ennemi quand vous allez combattre ;
j'ose assurer votre majesté qu'elle n'accoutumera
jamais les François à lui voir hasarder sa personne
sacrée. Ce qu'on doit pardonner en faveur d'une
réputation à faire paroît de trop quand la réputation est faite. Dès qu'il nous faudra craindre pour
vous-même, et pâlir les premiers à vos moindres
mouvements, nous ne vous verrons plus partir sans
murmurer. C'est dans ces occasions, sire, qu'il est
permis à notre tendresse de parler avec liberté. Hé!

comment pourrions-nous, sans frémir, nous rappeler qu'un petit coin de la terre, inconnu jusqu'ici,
ait vu dans un même jour ce que l'univers a de plus
grand, ce que la France a de plus précieux, exposé
à des périls qui semblent n'être faits que pour le
soldat? Cependant, sire, quelles que soient nos
craintes, vous n'entendrez point nos voix timides
troubler le cours de vos conquêtes, ni vous demander
la paix. Non, sire, ne la donnez jamais à l'Europe,
cette paix tant désirée, que vos ennemis ne soient
hors d'état de la troubler. Qu'ils tombent, ces audacieux; et que leur désolation apprenne à la terre
effrayée combien les forces d'un roi de France sont
redoutables, surtout quand la sagesse et la valeur
du monarque sont encore au-dessus de sa puissance.
Mais, sire, ne pouvons-nous pas nous flatter que
votre majesté, qui vient d'être le témoin de l'in-
trépidité de ses troupes, comme elle en a été l'ame,
daignera du moins leur confier le soin de sa vengeance, et qu'elle se contentera d'éclairer ces
hommes généreux et fidèles dont elle a tant de fois
éprouvé le zèle et le courage? Victorieux, adoré,
et digne de l'être, il ne manque à votre majesté
qu'un peu d'amour pour elle-même, pour une
vie glorieuse à laquelle la vie de tant de millions
d'hommes est si tendrement attachée.

FIN DU TROISIÈME ET DERNIER VOLUME.

TABLE

DES PIÈCES CONTENUES DANS CE VOLUME.

Fin de la Table du troisième et dernier volume.

www.ingramcontent.com/pod-product-compliance
Lightning Source LLC
Chambersburg PA
CBHW070636100426
42744CB00006B/706